Le goût du Japon

Textes choisis et présentés
par Anne-Marie Cousin

Mercure de France

ISBN : 978-2-7152-4424-5

SOMMAIRE

APPROCHES DU JAPON

VIVRE AU JAPON

ÉTRANGETÉS JAPONAISES

INTRODUCTION

J'ai toujours eu l'impression, en arrivant au Japon, de pénétrer un monde enchanté. C'est pourtant une terre fort peu hospitalière, et l'on ne saurait comprendre les Japonais sans prendre la mesure de l'instabilité du territoire sur lequel ils vivent. Les trombes d'eau et les vents violents des typhons le ravagent, de terribles séismes en font trembler le sol, la mer y pénètre sous forme de tsunamis : la menace permanente fait partie de la vie des Japonais. Comment pourraient-ils espérer se soustraire à ces puissantes manifestations de la nature sinon en se conciliant la bienveillance des esprits si joliment appelés *kamis*. Il convient notamment d'amadouer Kashima afin qu'il maintienne son épée sur la tête de Namazu, le poisson-chat géant habitant des abysses sur l'échine duquel repose le Japon. Un moment d'inattention, ou alors Kashima parti ripailler avec tous les autres kamis pour la grande rencontre qui se tient chaque année à Izumo lors du « mois sans dieux », et les soubresauts de Namazu vont créer des dégâts…

Les Japonais peuvent aussi se conformer à la voie bouddhiste du détachement, comme le conseille le sage moine Asai Ryo : « Ne pas se laisser abattre mais dériver comme une calebasse sur la rivière. » On est loin du précepte péremptoire qui figure dans la Genèse : « Dieu créa l'homme à son image. Soyez féconds et prolifiques, remplissez la terre et dominezla. » Ici l'homme a conscience d'être une parcelle sacrée de la nature.

Et pourtant, et pourtant, *sarinagara*... cette terre ombrageuse est enchantée par la présence de huit millions de kamis ; façon de parler : il y en aurait plus encore.

Paul Claudel a bien dit ressentir « la sensation d'une présence autour de nous qui exige la cérémonie et la précaution », et Mac Farlane compare cette impalpable présence des kamis à celle des ondes radio ou de l'électricité, même s'il préfère l'évocation plus poétique d'« une rumeur d'anges » ! Comment le visiteur étranger peut-il concilier l'impression que les Japonais ne sont pas religieux et le dernier recensement comptabilisant plus de 80 000 sanctuaires shintoïstes ou bouddhistes ? Qu'il relise Claude Levi-Strauss qui, en voyant tant de pèlerins, nous rappelle que « les grands mythes fondateurs, les paysages grandioses où la tradition les situe, maintiennent entre les temps légendaires et la sensibilité contemporaine une continuité vécue ». Et ces rituels contribuent probablement au maintien de la cohésion de la société japonaise.

Conscients du caractère transitoire et de la brièveté de la vie, les Japonais célèbrent les saisons. Souvenons-nous que les *Notes de chevet* de Sei Shonagon s'ouvrent par l'expression de ses goûts : « Au printemps, c'est l'aurore... En été, c'est la nuit... À l'automne, c'est le soir... En hiver, j'aime le matin. » Et l'on ne manquera pas d'observer que les aliments arborent les teintes des saisons avec leurs emblèmes : en automne la feuille d'érable, au printemps la fleur de cerisier, en hiver une simple brindille effeuillée.

Le *mono no aware,* conscience de la fugacité des choses et de la beauté de leur évanouissement, imprègne la mentalité des Japonais. Qu'y a-t-il de plus beau, de plus émouvant, que le moment où les fleurs de cerisiers s'abandonnent librement au vent, le court instant où les lucioles apportent la lumière, et même ces petites mousses que la délicieuse propriétaire de la Librairie des Insectes voit s'évanouir et revivre après une ondée. Il s'agit donc de saisir l'instant au vol. Le présent est tout et de son inéluctable fuite naît une douce mélancolie. Cette extrême attention aux détails charmants et sans importance manifeste chez nos amis japonais la conscience de l'impermanence. Dans un texte publié très logiquement par Philippe Picquier, éditeurs de nombreux écrivains japonais, qui « captent en plein vol la douceur et la précarité des choses », Véronique Brindeau fait l'éloge des mousses, si discrètes et modestes, prêtes à disparaître.

Le moine bouddhiste Asai Ryo conseille de « vivre uniquement le moment présent et de se livrer tout entier à la contemplation de la lune, de la neige, de la fleur de cerisier et de la feuille d'érable… », d'atténuer l'inéluctable en appréciant le présent, ce qui ne serait pas sans rappeler le pressant conseil du philosophe avisé, Vladimir Jankelevitch : « Ne laissez pas passer cette matinée de printemps ».

Le Japon est une source d'étonnements. Aussi, pour tenter une explication, le révérend père portugais Luís Fróis s'est, au XVIIe siècle, livré à une comparaison des usages nippons et de ceux de l'Occident qu'il oppose peut-être trop systématiquement : « Chez nous, les ravaudages doivent être très petits ; au Japon, un prince estime grandement un qimao entièrement rapetassé. » La meilleure façon de tenter de comprendre le Japon est probablement celle de Lafcadio Hearn qui s'est plongé dans le quotidien où il a trouvé « un air clair et tranquille », allant jusqu'à ajouter qu'une première journée au Japon, c'est aller à la rencontre des fées et « se trouver soudain dans un monde où tout est sur une échelle plus menue et plus fine que chez nous, un monde d'êtres plus petits et apparemment plus bienveillants ».

Roland Barthes, lui, s'attache à traduire les signes, car la « saveur humaine » est plus instructive que « le savoir » et il évoque tout simplement l'emballage des cadeaux, les usages de courtoisie, le pachinko ou le théâtre.

Pour Claude Levi-Strauss, ce sont les hommes qui font l'impression la plus forte sur cette « autre face de la lune » où chacun « aussi humble soit-il [est] empressé à bien remplir son office et se perçoit lui-même comme un centre de dignité, de sens et d'initiative ». Il va donc à la rencontre des artisans, dans ce pays où n'existe pas de distinction entre utilitaire et esthétique, et où l'on élève des artisans au rang de Trésors nationaux vivants. Il est comblé d'y trouver la mise en œuvre d'une relation d'intimité entre l'homme et la nature. Le *wabi sabi* a, depuis le XIIe siècle, instauré la simplicité comme critère d'authenticité et de beauté : c'est dans l'imperfection qu'elle se niche. Comme s'ils avaient été créés par la nature, il émane des objets fabriqués une sorte de poésie douloureuse où l'éphémère de l'existence est imprimé dans la patine.

Jean-François Sabouret, lui, nous fait part de son étonnement quand il apprend que ce sont les écoliers eux-mêmes qui prennent soin du ménage de leur classe mais, est-il meilleure méthode pour « éduquer chaque personne au respect de l'espace commun, ce bien public » ? Quelle belle leçon les Français pourraient en tirer, même s'ils ne sont pas exposés à la promiscuité que subissent les Japonais, contraints de vivre entre forêts et montagnes sur un espace très réduit.

Dans une société ritualisée, politesse et courtoisie sont ce que les Japonais ont trouvé de mieux pour éviter les conflits et sauvegarder le *wa*, l'harmonie. « Rien de mieux que d'éviter les disputes, de se dominer, de céder aux désirs d'autrui » conseille notre sage moine Urabe Kenkô du XIVe siècle. Certains mauvais esprits étrangers en sont si déconcertés qu'ils parlent d'obséquiosité.

Au Japon, je ne saurai trop vous conseiller d'emprunter le train où l'on trouve l'illustration parfaite de cette courtoisie : le contrôleur en casquette et gants blancs vous traite avec égards comme un hôte de marque. Déjà Urabe Kenkô dans ces temps si lointains s'émerveillait de voir « ces visages qui montrent la gloire de leur fonction et montrent un savoir-faire irréprochable ».

J'aime être au Japon. Je sais qu'il est impossible de devenir Japonais. Car, comme nous le rappelle Mizubayashi, il faut être né japonais pour, de retour au Japon, être accueilli par un « *Okaerinasaï* ». Mais j'y retournerai quand même.

Anne-Marie COUSIN

APPROCHES DU JAPON

LAFCADIO HEARN

Premiers pas dans le pays enchanté

Lafcadio Hearn est né en 1850 dans les îles Ioniennes, d'un père médecin irlandais et d'une mère grecque. Abandonné par ses parents, il est malmené par la vie. À New York, il survit en écrivant des articles pour des journaux. Au printemps 1890, un éditeur lui propose de se rendre au Japon. À quarante ans, pauvre, solitaire et fatigué, il atteindra le « pays enchanté », où il trouvera sérénité, épouse et repos éternel. Témoin intelligent et sensible, il exprime son émerveillement devant la beauté de toutes les petites choses qui s'offrent à lui, une vie douce et discrète : « C'est comme si au sortir d'une pression atmosphérique trop forte, on entrait dans un air clair et tranquille. »

Aujourd'hui, dans ces rues exotiques, l'ancien et le nouveau se combinent si bien qu'ils semblent chacun se mettre réciproquement en valeur. La rangée de minuscules poteaux télégraphiques blancs, qui portent les nouvelles du monde entier à des journaux imprimés en un mélange de caractères chinois et japonais ; la présence dans une maison de thé d'une sonnette électrique au bouton d'ivoire à côté de laquelle on a collé une énigme orientale ; un magasin de machines à coudre américaines côtoyant la boutique d'un fabricant d'images bouddhiques ; la devanture d'un photographe attenante à celle d'un marchand de sandales de paille : tous ces faits ne présentent point d'incongruités frappantes, car chaque exemple d'innovation est placé dans un cadre oriental qui semble s'adapter à tous les tableaux. Mais, pour le premier jour du moins, le vieux seul est nouveau pour l'étranger, et suffit à absorber son attention. Il me semble alors que tout ce qui est japonais est délicat, exquis, admirable ; ne fût-ce qu'une paire de baguettes de bois dans un sac en papier orné d'un petit dessin, ou un paquet de cure-dents en bois de cerisier attaché par un lien de papier portant des inscriptions merveilleuses en trois couleurs différentes ; ou la petite serviette bleu de ciel ornée d'un dessin de moineaux en vol, avec laquelle mon kurumaya s'éponge le visage. Les billets de banque, les moindres piécettes de cuivre sont des objets d'art ; et la ficelle tressée qui sert au boutiquier pour attacher votre emplette est un amusant bibelot. Les curiosités et les bibelots vous ahurissent par leur multitude même ; de tous côtés où vos regards se posent, vous voyez d'innombrables choses merveilleuses, jusqu'ici incompréhensibles. Mais il est imprudent de les regarder.

Chaque fois que vous avez regardé quelque chose, une force mystérieuse vous contraint à l'acheter, à moins que, comme il arrive souvent, le vendeur souriant vous ayant invité à inspecter tant de variétés d'un seul article (dont chacun est particulièrement désirable), vous ne vous enfuyiez saisi de terreur devant vos propres impulsions. Le boutiquier ne vous demande jamais d'acheter, mais ses marchandises sont enchantées, et si vous vous laissez tenter, vous êtes perdu ! Le prix modeste des articles vous induit à la ruine, car le nombre d'objets artistiques peu coûteux est inépuisable. Le plus grand navire traversant le Pacifique ne saurait contenir tout ce que vous désirez acheter. Car bien que vous ne vous avouiez pas la chose à vous-même, ce que vous désirez vraiment acheter, ce n'est pas le contenu du magasin : vous désirez la boutique et le boutiquier, et les rues de magasins avec leurs amusantes draperies et leurs habitants pittoresques, la ville tout entière, la baie et les montagnes qui la ceinturent, l'ensorcellement blanc du Fuji-Yama surplombant le tout dans un ciel sans nuages — le Japon tout entier, en vérité, avec ses arbres magiques et son atmosphère lumineuse, avec toutes ses îles, ses villes, ses temples, et ses quarante millions d'êtres les plus aimables de l'univers.

Le Japon,
traduit de l'anglais par Marc Logé

Avec Setsu, fille de samouraï de haut rang dont il aura quatre enfants, Lafcadio Hearn formera un ménage heureux, vivant simplement à la japonaise. Il obtiendra la nationalité japonaise et deviendra Koizumi Yakumo. C'est ce nom qui figure sur sa pierre tombale à Matsue, celui du premier Européen que les Japonais acceptèrent pleinement comme l'un des leurs. À sa mort, ils furent des milliers à suivre son cercueil, enterré selon les rites bouddhiques. À Matsue, on peut visiter le Musée Mémorial Lafcadio Hearn.

CLAUDE LEVI-STRAUSS

Comment lui est venu le goût du Japon

Après un long détour par le Brésil et les sociétés amérindiennes, c'est en 1977 que Claude Levi-Strauss découvre enfin le Japon. Ce fut « un véritable tournant dans ma pensée et dans ma vie », déclara-t-il au retour de ce premier séjour. Il y retournera cinq fois; voyages qui demeurent de l'ordre de la vie intime. Sur le Japon, un seul ouvrage : L'autre face de la lune *qu'il rédige comme discours inaugural d'un colloque. Un demi-siècle auparavant, alors qu'il écrivait* Tristes Tropiques, *Claude Levi-Strauss avait, avec mélancolie, déploré l'abandon des traditions culturelles. Au Japon, il s'émerveille de voir un pays qui a su se moderniser en gardant un lien étroit avec ses racines spirituelles. Il admire ce peuple qui privilégie la fragilité du végétal à la pérennité du minéral, et qui fait alliance avec la nature dans un monde animiste.*

Nulle influence n'a plus précocement contribué à ma formation intellectuelle et morale que celle de la civilisation japonaise. Par des voies bien modestes, sans doute : fidèle aux Impressionnistes, mon père, qui était artiste peintre, avait dans sa jeunesse empli un gros carton d'estampes japonaises, et il m'en donna une quand j'avais cinq ou six ans. Je la revois encore : une planche de Hiroshige, très fatiguée et sans marges, qui représentait des promeneuses sous des grands pins devant la mer.

Comment lui est venu le goût du Japon

Bouleversé par la première émotion esthétique que j'eusse ressentie, j'en tapissai le fond d'une boîte qu'on m'aida à accrocher au-dessus de mon lit. L'estampe tenait lieu du panorama qu'on était censé découvrir de la terrasse de cette maisonnette que, semaine après semaine, je m'employai à garnir de meubles et de personnages en miniature, importés du Japon, dont un magasin appelé La Pagode et sis rue des Petits-Champs à Paris s'était fait la spécialité. Dès lors, une estampe vint récompenser chacun de mes succès scolaires, et il en fut ainsi pendant des années. Peu à peu, le carton de mon père se vida à mon profit. Mais cela ne suffisait pas à combler le ravissement que m'inspirait cet univers que je découvrais à travers Shunshô, Yeishi, Hokusai, Toyokuni, Kunisada et Kuniyoshi... Jusqu'à l'âge de dix-sept ou dix-huit ans, toutes mes économies passèrent à amasser des estampes, livres illustrés, lames et gardes de sabre, indignes d'un musée (car mes moyens ne me permettaient d'acquérir que d'humbles ouvrages) mais qui m'absorbaient pendant des heures, ne fût-ce — armé d'une liste de caractères japonais — que pour déchiffrer laborieusement les titres, légendes et signatures... Aussi puis-je dire que toute mon enfance et une partie de mon adolescence se déroulèrent autant, sinon plus, au Japon qu'en France, par le cœur et par la pensée.

Et pourtant, je ne suis jamais allé au Japon. Non que les occasions aient manqué; mais sans doute, dans une large mesure, par crainte de confronter à l'immense réalité ce qui reste encore pour moi « le vert paradis des amours enfantines ».

Tristes Tropiques

PHILIPPE FOREST

La beauté du contresens

Pas de meilleur titre pour cet extrait du texte de Philippe Forest que celui sous lequel il a rassemblé plusieurs de ses pénétrants essais sur la littérature japonaise. Comme il le précise, ce contresens n'est pas un non-sens : « De langue en langue, la parole se met à errer merveilleusement, à divaguer en quête de ce quelque chose qui lui manque, qu'elle ne trouvera pas mais qui l'oblige à rester perpétuellement mobile, active. En un mot : vivante. De cette circulation imaginaire entre les œuvres et par voie de conséquence entre les individus qui les écrivent et qui les lisent, le contresens est en somme la condition nécessaire. » L'éloignement des civilisations auxquelles appartiennent écrivain et lecteur ne ferait que créer entre eux une étrange proximité.

J'ai toujours pensé que si je devais un jour réunir en un volume — particulièrement hasardeux en raison de mon ignorance — les différentes études que j'ai consacrées à la littérature japonaise, je donnerais à ce livre un titre inspiré de Marcel Proust : *La Beauté du contresens.* Et j'y ferais figurer en épigraphe cette célèbre citation tirée de son *Contre Sainte-Beuve* et dans laquelle le futur auteur d'*À la recherche du temps perdu* déclare : « Les beaux livres sont écrits dans une sorte de langue étrangère. Sous chaque mot chacun de nous met son sens ou du moins son image qui est souvent un contresens.

Mais dans les beaux livres, tous les contresens qu'on fait sont beaux. »

Lisant quelques-uns des beaux livres dont la littérature japonaise est faite, j'ai eu le sentiment qu'ils étaient écrits dans la plus étrangère des langues mais que leur étrangeté même, en un tour paradoxal, devenait la condition d'une troublante proximité car sous chacun des mots que j'ignorais, la liberté m'était miraculeusement rendue de glisser la signification fautive, l'image erronée d'où naissait la chance d'une beauté nouvelle.

2.

Concernant le Japon, la principale des tentations à laquelle un écrivain français d'aujourd'hui doive résister consiste, à mon sens, en un certain exotisme de l'ineffable. Certaines mythologies douteuses (j'emploie ici le mot dans le sens péjoratif que lui donnait Barthes) prévalent en Occident et présentent parfois le Japon comme le lieu d'élection d'une pensée qui nous resterait définitivement inintelligible, impénétrable en raison d'une irréductible différence mentale séparant les civilisations extrêmes et interdisant toute forme de communication vraie entre elles. La pensée japonaise se caractériserait, dit-on parfois en Europe, par une altérité si radicale qu'elle ne saurait exister à nos yeux qu'à la façon d'une sorte de non-objet sidérant, irrémédiablement situé loin du champ de nos propres représentations, fascinant dans la proportion même de sa résistance absolue à nos schémas d'interprétation.

Je ne connais que la magnifique intelligence de Roland

Barthes pour avoir su, dans *L'Empire des signes*, céder à cette tentation tout en y échappant par une sorte de redoublement de lucidité, d'ironie, de vigilance. Pour le reste, il me semble que triomphe trop souvent cette mythologie de l'incommunicable à l'intérieur de laquelle philosophie zen et esthétique postmoderne sont indifféremment convoquées par les écrivains français pour construire l'image sans consistance d'un Japon configuré selon les exigences assez détestables de l'exotisme le plus convenu. De cette mythologie-là se déduisent, en France, beaucoup d'essais, de romans et plus encore de poèmes. Mais, par prudence et diplomatie, je m'interdirai d'être plus précis sur ce point.

Pour ma part, je n'ai jamais pensé que les œuvres des écrivains japonais que j'aimais m'étaient interdites d'accès. J'ai eu l'impression au contraire que ces œuvres me parlaient (naïvement, je dirais : qu'elles me parlaient de moi, de ma vie, du monde dans lequel je vivais) et que, si elles le faisaient dans une langue étrangère, il n'appartenait qu'à moi de questionner la parole amicale, fraternelle qu'elles me destinaient.

La Beauté du contresens

La Beauté du contresens et autres essais sur la littérature japonaise, Éditions Cécile Defaut, 2005

MICHAËL FERRIER

Le tsunami, une montagne en mouvement

Auteur de romans et essais, Michaël Ferrier vit au Japon où il enseigne la littérature à l'université Chuo de Tokyo. C'est à Tokyo que, le 11 mars 2011, il ressent les ondes du séisme de Fukushima pourtant distant de 400 kilomètres. Aussitôt, après avoir chargé une camionnette de nourriture, vêtements et médicaments, il se rend avec sa femme dans la zone sinistrée : des villes entières détruites, 30 000 morts, d'innombrables blessés, les survivants ont tout perdu. Devant ce spectacle d'apocalypse, et se souvenant que Basho avait douté pouvoir décrire la beauté des flots de Matsushima, il déplore la faiblesse des mots pour faire le récit d'un tel désastre. Pour en rendre compte, il lui faut dépasser la faiblesse de la prose. « Une note unique, un peu sinistre, monotone, stridente, semble planer sur une éternité de tourbe » : c'est ainsi qu'il réussit à nous faire entendre *le son de la catastrophe.*

Et tout d'abord, le son.

C'est par le son que le danger arrive. La clameur de l'eau la précède. On a peur d'abord par l'oreille, par le tympan. Au large, la ligne de l'horizon s'est levée. Mais c'est par le bruit que la vague s'approche dans un brouhaha de pluie.

Ce bruit vient de partout et transforme le monde. Un grondement de tonnerre, la terreur des sirènes, le crachat des haut-parleurs. Les alarmes des pompiers hurlent en permanence : stridence sur les nerfs, sifflement suraigu qui recouvre tout, équivalent sonore de l'eau.

En un instant, les roches sont recouvertes. La vague avale tout sur son passage. On entend des battements d'ailes venus de la cime des cèdres. Dans l'air, les oiseaux s'envolent par milliers, ils ne savent plus dans quelle direction s'élancer. Cela fait un raffut énorme qui se mêle au grondement de la vague, « on dirait une montagne qui s'est mise en mouvement », me dit une vieille dame au sourire édenté.

Puis, un bruit de rafales. Ce sont les vitrines et les devantures qui éclatent les unes après les autres sous la pression de l'eau. Maintenant, les sons crèvent par dizaines, le bruit s'enfle et ruisselle de toutes parts, il déferle. Les bouches de la mer rugissent : elles arrivent et elles réclament leur pitance. Bientôt, le bruit lui-même se fait fleuve, cataracte, torrent.

Une autre vague. Encore une autre.

C'est un grabuge épouvantable. Des précipices s'ouvrent au cœur de la ville, des gouffres. Hymne du malheur frappé, hors du rythme humain. L'eau qui se déchaîne, les tuiles qui tombent, les poteaux qui se couchent dans un vacarme d'enfer, toits effondrés, murs qui craquent. Les fils électriques qui claquent comme des fouets, mèche sifflante des câbles, lanière meurtrière des pylônes.

[…]

Ça fait du bruit, une maison, quand c'est arraché du sol. Le mugissement de l'eau est formidable. Mais le son du bois qui grince puis se fracasse est quelque chose d'inimaginable, me disent plusieurs rescapés, les yeux encore effrayés par le spectacle qu'ils me décrivent. On dirait que quelqu'un gémit, on dirait que la maison elle-même va se mettre à parler, à rugir, à pleurer.

Il y a aussi tous les bruits de la parole, les cris rageurs des hommes, les hurlements des femmes, les cris perçants des enfants — dans un mélange de peur et d'excitation — quand ils voient enfin la vague. « *Nami ga kita ! Nami ga kita !* » La vague arrive ! La vague arrive ! Incrédules, les gens répètent toutes les phrases au moins deux fois : « *Ore no kuruma, ore no kuruma…* » Ma voiture, ma voiture… « *Kyodai da ! Kyodai da !* » Elle est énorme ! Elle est énorme ! Et, à la hauteur de la vague, c'est un gigantesque balbutiement qui s'empare des mots, qui contraste avec la fureur du flot, sa fluidité. C'est comme si le langage lui-même était frappé par la vague, que la parole était emportée par le vacarme du monde.

Quand ils me parlent, les gens retrouvent malgré eux ce halètement de terreur : ils ânonnent, ils babillent dans le souvenir de la vague. Alors, c'est comme si la vague les poursuivait encore, jusque dans leur bouche, leur salive, le claquement de leur langue, le tremblement des dents.

Fukushima – Récit d'un désastre

C'est aussi la sécheresse des chiffres qui nous permet d'imaginer l'ampleur de la catastrophe. Lors du séisme de Fukushima « l'Île principale de l'archipel semble avoir glissé sur plus de deux mètres et l'axe de rotation de la terre s'être déplacé de dix centimètres » ; les vagues ont atteint jusqu'à trente-huit mètres de haut ; vendredi 11 mars 78 séismes, samedi 12 mars 148 séismes, dimanche 13 mars 117 séismes, en une semaine on est à plus de 400 répliques, un tremblement de terre de magnitude 5 toutes les 17 minutes ! Michaël Ferrier s'indigne de l'inconséquence des hommes : comment les Japonais ont-ils pu construire une centrale nucléaire à cet endroit ? Mais il admire également leur capacité à prévoir le danger pour y parer et nous rappelle que le 11 mars, les capteurs ont eu le temps de bloquer tous les trains du Shinkansen, neuf à douze secondes avant le séisme.

KAMO NO CHÔMEI

Typhon, le vent de l'enfer

En 1201, alors âgé de 54 ans, « à l'âge où la vie devient aussi fragile que la rosée », Kamo No Chômei, fils d'un prêtre shintoiste de Kyoto, fuit les intrigues de la Cour et part sur le mont Heno pour y construire « sa petite bicoque de dix pieds carrés » posée à même le sol. Il va y mener une vie frustre, devant un paysage de montagnes qui le réjouit et qu'il chante avec son biwa, mais qu'il voit soumis à la violence des éléments naturels.

C'était vers le vingt-neuvième jour du quatrième mois de la quatrième année de l'ère de Jishô ; un violent ouragan se déchaîna dans la région de Naka-no-Mikado Kyôgoku et déferla furieusement jusqu'au quartier de Rokujô. Dans un espace de plus de mille pieds de diamètre, pas une maison, ni grande ni petite, qui n'ait été détruite. Certaines se sont écroulées d'un seul coup ; dans d'autres subsistaient seulement quelques piliers ou quelques poutres. Des toitures d'entrées ont été projetées à des distances de mille à quinze cents pieds, des clôtures étaient arrachées, les propriétés se confondaient. De plus, les trésors conservés dans les maisons voltigeaient tous en l'air, les écorces de thuya des toits, les lattes de bois de toutes sortes volaient comme les feuilles mortes dispersées par le vent en hiver. On ne voyait plus rien, car le ciel était obscurci par la poussière qui s'élevait comme de la fumée. Aucune voix humaine ne se faisait entendre dans ce tumulte de la nature. Même le vent de l'enfer ne doit pas être plus terrible que celui-ci.

Qui saura jamais le nombre de ceux qui ont perdu leurs demeures, et de ceux qui, frappés dans leurs corps, sont devenus infirmes pendant qu'ils s'efforçaient de réparer leurs maisons ? Ce cyclone s'étendant vers le sud-ouest a fait souffrir un nombre considérable de gens. Sans doute il y a toujours eu et il y aura de grands ouragans, mais jamais aucun ne fut aussi meurtrier. Malgré tout, devant ces malheurs, je me mis à me demander si ce ne serait pas là un avertissement, un mauvais présage d'une plus grande calamité.

Notes de ma cabane de moine
Traduction du RP Sauveur Candau

Les typhons ont pourtant parfois été bénéfiques au Japon, en contribuant à faire échouer les deux tentatives d'invasion de la flotte mongole de Kubilaï Khan en 1274 et en 1281. Les esprits du vent, « Kamikaze », s'étaient alors révélés protecteurs, détruisant les flottes des envahisseurs mongols. Les généraux japonais crurent pouvoir à nouveau mobiliser ces esprits divins, contre la flotte des États-Unis à la fin de la Seconde Guerre mondiale, mais en vain cette fois. Si les services météorologiques donnent souvent des noms féminins aux typhons, au mois d'octobre, au Japon, on les compte. Vos hôtes japonais vous diront : c'est le dix-septième...

N'ayant pas d'ailes, on ne peut s'enfuir vers le ciel

Écrit par des guerriers retirés du monde, le Dit des Heiké, *est un grand classique de la littérature japonaise médiévale. Il conte la lutte entre le clan* Heike *des* Taïra *et le clan* Genji *des* Minamoto *qui, vainqueur à la fin du* XII*e siècle, va déplacer le siège du pouvoir à Kamakura et y instaurer un gouvernement militaire, le* bakufu. *Parcourant le pays, des moines le chantèrent accompagnés d'un luth, le biwa, car si cette épopée illustre le* bushido, *code de conduite des samouraïs qui leur dicte héroïsme, fidélité et sens de l'honneur, elle est également imprégnée du bouddhisme et rappelle que la gloire des hauts faits guerriers n'empêche pas que « du monastère de Gion, le son de la cloche, de l'impermanence de toutes choses est la résonance [...]. L'homme valeureux de même finit par s'écrouler, ni plus ni moins que poussière au vent ». Lors d'une trêve entre les combats, et alors qu'il semblait possible de jouir d'un peu de paix, survint un séisme de grande ampleur.*

Les Heiké étaient détruits jusqu'au dernier et les Provinces Occidentales avaient elles aussi retrouvé la paix. Les provinces obéissaient à leurs Gouverneurs, et les domaines étaient régis au gré de leurs possesseurs. L'on pouvait croire que de haut en bas chacun était en sûreté quand, le neuvième jour de la septième lune, la même année, environ l'heure du Cheval, la terre fut ébranlée de secousses formidables qui se prolongèrent quelque temps. Dans Akiken et du côté de Shirakawa, les six monastères Shô-ji s'écroulèrent. De la tour de neuf étages, les six étages du haut furent jetés à bas. Au Tokujôjû-in, dix-sept des trente-trois entrevous furent renversés. Le Palais tout le premier, les résidences des gens de qualité, les temples des dieux et les sanctuaires des bouddhas un peu partout, et les maisons des gens du commun, tout s'écroulait de fond en comble. Le bruit des effondrements était pareil au tonnerre, la poussière qu'ils soulevaient pareille à la fumée. Le ciel en était obscurci et l'on ne distinguait plus la lumière du soleil. Vieux et jeunes aussi bien en perdaient le sens, la Cour et la Ville étaient éperdues. Et il en était de même dans les provinces lointaines ou proches. La terre se fendait, les eaux en jaillissaient, les roches éclataient et roulaient au fond des vallées. Les montagnes s'effondraient et comblaient les rivières, les mers divaguaient et envahissaient les rivages. Les barques qui naviguaient au long des côtes étaient ballottées par les flots, et le sol faisait défaut sous les sabots des chevaux qui marchaient sur la terre ferme. Quand les eaux montent et débordent de leur lit, ne peut-on se sauver en gravissant les collines ? Quand les flammes vous menacent, l'on peut les éviter pour un temps en gagnant l'autre rive d'un cours d'eau. Mais un grand séisme est un malheur sans recours. À moins d'être oiseau l'on ne saurait s'envoler dans l'azur, à moins d'être dragon l'on ne saurait s'élever dans les nuées. De ceux qui à Shirakawa, à Rokuhara et dans la Ville même périrent ensevelis sous les décombres, l'on ne sait quel fut le nombre. Des quatre éléments, l'eau, le feu et le vent souvent font des dégâts, mais la terre n'est point coutumière de pareilles révolutions. Que s'était-il donc passé ? Grands et humbles dressaient pour se protéger des portes et des cloisons, et chaque fois que le ciel grondait et que la terre s'ébranlait, croyant leur dernière heure venue, ils invoquaient les bouddhas en une clameur formidable. Des vieillards de soixante-dix ou quatre-vingts, voire quatre-vingt-dix ans, sans plus songer que leurs jours étaient comptés, dans leur frayeur menaient grand bruit, si bien que les petits enfants eux-mêmes, en les entendant, pleuraient et se lamentaient sans frein. L'Empereur Moine était pour l'heure allé en pèlerinage à Imagumano, mais en raison de la souillure due à la mort d'un si grand nombre de gens, il s'en revint en toute hâte à la résidence de Rokuhara. Combien le spectacle qui tout au long de la route s'offrait à leurs yeux dut-il briser le cœur du Prince et de ses officiers !

Le Dit des Heiké
Traduction de René Sieffert

Le Japon est un archipel situé sur la « ceinture de feu du Pacifique », immense arc de 450 volcans, entre quatre plaques tectoniques dont les chevauchements épisodiques occasionnent des séismes. On ne recense pas moins de 1000 secousses par an. Les Japonais affrontent la puissance implacable d'une nature qui les astreint à un mode de vie particulier : en atteste l'édification des bâtiments. À Nara, on peut voir une pagode bouddhiste demeurée intacte après treize siècles de séismes et typhons : cinq étages, indépendants les uns des autres,

sont empilés autour d'un pilier central capable d'absorber les secousses. Cette architecture exemplaire a inspiré les architectes contemporains puisque la tour *Tokyo Sky Tree* n'a, malgré sa hauteur de 634 mètres, subi aucun dommage lors du séisme qui a ravagé Fukushima. Peut-on imaginer une structure reposant sur d'énormes boudins en caoutchouc, et munie de joints de canalisation flexibles ! Tout y est question d'adaptation et de survie.
C'est le 1er septembre 1923 qu'eut lieu l'un des plus meurtriers tremblements de terre qui ravagea presque complètement Tokyo. Paul Claudel en résume ainsi la violence : « Une grande haleine de feu a soufflé. L'eau des étangs elle-même s'est mise à bouillir. Dès notre arrivée à Tokyo, accueillis par ces frissons de terre, ces grondements sous nos pieds, ces conflagrations incessantes, nous avions compris de quel Cyclope à demi endormi sous les feuillages nous étions les hôtes. »

DAZAI OSAMU

Tiens, le Fuji !

Champion des tentatives de suicide ratées, Dazai Osamu « réussit » à se noyer avec la dernière femme de sa vie en 1948. Sur le ton cynique et frivole qui lui vaut encore la faveur des jeunes générations, il évoque ses velléités : « Je songeais à me tuer. Mais au nouvel an on m'a fait cadeau d'une pièce d'étoffe pour kimono. C'était un tissu de lin, à fines rayures grises. Pour un kimono d'été. Je me suis dit que je vivrais jusqu'à l'été. » C'est sur le même ton que, dans une série de récits qu'il a rassemblés sous le titre de la célèbre série d'estampes d'Hokusai – Cent vues du mont Fuji *–, il s'emploie à désacraliser l'image du mont Fuji en laquelle il prétend ne voir qu'un cliché d'une parfaite et banale vulgarité. Moins qu'au mont Fuji, c'est probablement à ce repère essentiel de l'identité japonaise qu'il a voulu s'attaquer.*

Les pentes du mont Fuji convergent à un angle de quatre-vingt-cinq degrés sur les peintures de Hiroshige, et de quatre-vingt-quatre degrés sur celles de Bunchô ; mais il suffit d'étudier une carte d'état-major pour constater que l'angle des pentes est-ouest est de cent vingt-quatre degrés, et celui des pentes nord-sud, de cent dix-sept degrés. Hiroshige et Bunchô ne font d'ailleurs pas exception : sur presque toutes les représentations du Fuji, l'angle formé par ses pentes est très aigu, ce qui donne un sommet effilé, très élevé, très frêle. Chez Hokusai, cet angle est d'à peu près trente degrés : on dirait la tour Eiffel ! En réalité, le Fuji forme un angle obtus : il est tout en pentes douces. Avec ses cent vingt-quatre degrés dans un sens et ses cent dix-sept degrés dans l'autre, il n'a rien d'une montagne particulièrement élevée, rien de spectaculaire. Il me semble que si j'étais en Inde ou ailleurs et qu'un aigle vînt me prendre dans ses serres pour me lâcher ensuite au-dessus de la côte du Japon à proximité de Numazu, je ne serais guère impressionné par le spectacle de cette montagne. « Le *Fujiyama,* splendeur du Japon » : si les étrangers le trouvent *wonderful,* c'est parce qu'on leur en a mille fois parlé : c'est devenu pour eux une vision de rêve. Mais supposons que l'on aille à la rencontre du Fuji sans avoir été soumis à tout ce matraquage publicitaire — bref, naïvement, innocemment, avec un cœur qui serait comme une page blanche : dans quelle mesure saurait-on l'apprécier ? Rien n'est acquis. C'est une montagne plutôt petite. Oui : petite par rapport à sa base. Etant donné sa largeur à la base, le Fuji devrait être une fois et demie plus haut.

Il ne m'a paru grand qu'à une seule occasion : quand je l'ai vu depuis le col de Jikkoku. Ce jour-là, c'était vraiment bien ! Le sommet était noyé dans les nuages. J'observais donc la trajectoire décrite par les pentes à la base, pour en déduire à quel endroit précis elles devaient se rejoindre ; mais à la faveur d'une éclaircie, je m'aperçus de mon erreur. Le sommet m'apparut, avec ses reflets bleutés, à une hauteur deux fois supérieure à celle que j'avais imaginée. Plutôt que de la surprise, je ressentis une sorte de picotement et j'éclatai de rire. Je pensais : « Décidément, le Fuji m'a bien eu ! »

Cent vues du mont Fuji,
traduit du japonais par Didier Chiche

Volcan solitaire, le Fuji culmine à 3776 mètres d'altitude. Cône parfait et couronné de neige, il apparaît si serein que l'on pourrait oublier qu'il est un volcan actif, même s'il est en sommeil depuis 1707. Vénéré comme une divinité populaire, il constitue un lieu de pèlerinage. Il n'est que de voir les nombreux sanctuaires qui jalonnent ses flancs dont l'ascension puis la descente figurent un voyage aller-retour entre le monde des vivants et celui des morts. Le 26 août, et depuis cinq mille ans, a lieu le festival Himatsuri lors duquel des pèlerins porteurs de soixante-dix torches de trois mètres escaladent le mont Fuji pour en apaiser les kamis.
Homme de l'Hymalaya Rudyard Kipling se contente de constater : « Il a 4000 mètres ce n'est pas beaucoup suivant nos idées à nous autres gens de l'Inde. »

VIRGINIA WOOLF

Écrire la beauté ordinaire

Dans son article publié dans Vogue *au mois de juillet 1925, Virginia Woolf donne du* Genji *une critique sensible et pénétrante. Comme elle, l'on ne peut qu'être frappé par le contraste entre le raffinement qui régnait dans la paix de la Cour de Heian au tournant de l'an mille, et la rudesse des mœurs qui, à la même époque, prévalait dans une Europe où la France et l'Angleterre affrontaient les raids des brutales populations nordiques, et où l'Espagne entreprenait de se défaire de l'occupation maure. Les chansons de geste que ces affrontements susciteront plus tard ne sont bien sûr pas dépourvues de valeur. Mais la chanson de Roland, le poème du Cid de 1207, et les sagas islandaises du XIIe siècle souffrent un peu de la comparaison avec le grand chef-d'œuvre romanesque du* Genji *où se déploient une psychologie subtile, des notations d'une grande poésie et l'élégance des descriptions des innombrables personnages qui le peuplent.*

Nos lecteurs n'auront pas besoin qu'on leur rappelle que c'est vers l'année 991 qu'Ælfric composa ses *Homélies*, que ses traités sur l'Ancien et le Nouveau Testament ne sont guère plus tardifs et que ces deux œuvres précédèrent la profonde sinon obscure convulsion qui projeta Swegen hors du Danemark sur le trône d'Angleterre. Luttant perpétuellement, tantôt contre des hommes tantôt contre des porcs tantôt contre des fourrés et des marais, c'est les poings gonflés par le labeur, l'esprit tendu par le danger, les yeux rougis de fumée et les pieds refroidis parmi les joncs que nos ancêtres prenaient la plume, transcrivaient, traduisaient, chroniquaient, que leur voix rauque éclatait en rudes éclats dans des chansons grossières.

L'été est venu,
Le coucou chante à pleine gorge.

— tel était leur cri brutal et dur. Pendant ce temps, de l'autre côté de la terre, Dame Murasaki contemplait au même moment son jardin, observant que « se trouvaient, parmi les feuilles, des fleurs blanches aux pétales mi-clos comme les lèvres de ceux qui sourient de leurs pensées ».

Tandis qu'en Angleterre éructaient et croassaient le Ælfric et les Ædred, cette dame de la Cour dont nous ne savons rien (car Mr. Waley dissimule ingénieusement toute information jusqu'à ce que nous disposions des six volumes du roman) s'asseyait en robe et pantalon de soie devant des tableaux, le son de la poésie à l'oreille, des fleurs dans son jardin, des rossignols dans les arbres, ayant toute la journée pour parler et la nuit pour danser — s'asseyait en l'an 1000 pour conter l'histoire de sa vie et les aventures du prince Genji. Mais hâtons-nous de rectifier l'impression que Dame Murasaki fut une sorte de chroniqueuse. Comme son livre était lu à voix haute, nous sommes en droit d'imaginer un public; mais ses auditeurs devaient être habiles, d'esprit subtil, hommes et femmes sophistiqués. C'étaient des adultes qui n'avaient pas besoin d'exploits guerriers pour maintenir leur attention; de catastrophe pour les surprendre. Ils s'absorbaient au contraire dans la contemplation de la nature de l'homme : son désir passionné des choses qui lui sont refusées, son aspiration sans cesse déjouée à une vie de tendre intimité, la façon dont le fantastique et le grotesque l'enthousiasment davantage que les choses simples et directes; la beauté de la neige, le fait qu'en la regardant tomber, il souhaite plus que tout avoir quelqu'un avec qui partager cette joie solitaire.

In *Des phrases ailées et autres essais*,
traduit de l'anglais par Cécile Wajsbrot

En 1925, Virginia Woolf venait de faire paraître *Mrs Dalloway*, de remettre la main à son recueil d'articles de critique littéraire *The Common Reader*, de se lancer dans l'écriture de *La promenade au Phare*, et passait de longues heures dans la cave de sa maison de Rodmell à manipuler la presse de sa maison d'édition *The Hogarth Press*. Tout cela ne l'empêchait pas de poursuivre l'écriture de son journal et l'intense activité de critique littéraire qu'elle a toujours déployée dans divers journaux et revues, ainsi que de fréquenter ses amis du groupe de Bloomsbury et les milieux littéraires et universitaires. Ainsi rencontra-t-elle Arthur Waley, orientaliste autodidacte qui venait de traduire en anglais *The tale of Genji*. Elle l'avait trouvé plutôt discret et réservé, mais il avait dû être persuasif car, à la date du 14 juin 1925, elle écrivit dans son journal qu'il lui fallait lire le *Genji* (en même temps qu'elle lisait *David Copperfield*).

VIVRE AU JAPON

NATSUME SOSEKI

Ivre de vapeur

Soseki est l'un des écrivains les plus aimés au Japon : son beau visage au regard mélancolique figure d'ailleurs sur un billet de 1 000 yens. Écrivain de l'ère Meiji, témoin du passage à la modernité, Soseki, à son retour de Grande-Bretagne, se voit confier la tâche de succéder à Lafcadio Hearn comme lecteur de littérature anglaise à l'université de Tôkyô. Sous le titre Oreiller d'herbes, *figure de rhétorique utilisée dans la poésie japonaise pour évoquer le voyage, il nous livre une série d'instantanés poétiques et de méditations sur l'art et la création. Un peintre se retire dans une auberge de montagne. Il y observe une femme exceptionnellement belle au passé mystérieux. Elle incarne le modèle idéal du peintre et lui évoque le mythe d'Ophélie. Par sa structure, ce roman amorce la modernité dans la littérature japonaise.*

Je m'immerge dans l'eau qui m'arrive à la poitrine. Je ne sais pas d'où l'eau chaude jaillit, mais elle déborde sans éclaboussure, avec netteté. Les pierres de printemps sont mouillées sans avoir le temps de sécher : on a les pieds au chaud et le cœur s'en réjouit doucement. La bruine, en trompant les yeux de la nuit, humidifie secrètement le printemps : j'entends des gouttes qui dégoulinent de l'auvent avec des clapotis. La vapeur emplit la salle de bains du sol au plafond, prête à jaillir par le moindre trou.

Le brouillard d'automne qui s'étale en froides nuées, la brume qui superpose ses strates paisibles et la fumée bleuie du repas du soir offrent ma silhouette éphémère au vaste ciel. Il y a ici bien des raisons d'être nostalgique, mais les vapeurs qui, par un soir de printemps, montent des sources chaudes, enveloppant doucement le baigneur, lui laissent croire qu'il est d'un autre temps. Elle n'est pas dense au point d'empêcher de voir, elle n'est pas non plus ténue au point que, ce fin voile déchiré, on retrouve sans peine les habitants du monde d'ici-bas. Vous menaçant de ne jamais vous laisser lui échapper, auriez-vous lacéré la première, la deuxième, la énième couche, elle vous ensevelit de tous côtés sous sa chaleur irisée. On s'enivre de vin, dit-on, mais je n'ai pas entendu parler d'un homme ivre de vapeur. Si cette expression existait, elle ne pourrait être utilisée que pour le brouillard et serait trop forte pour la brume. Ce n'est que lorsqu'on précise « celle d'un soir de printemps » que l'expression semble appropriée.

Je repose la tête sur le rebord de la baignoire et je laisse flotter mon corps allégé dans l'eau transparente, là où la résistance est la moindre. Mon âme commence à ondoyer mollement comme une méduse. Si telle était la vie, comme elle serait agréable ! Je débloque le verrou du discernement et je tire le loquet de l'attachement. Advienne que pourra, me dis-je en me confondant tout entier avec le bain. En flottant, on échappe aux souffrances de la vie.

Oreiller d'herbes,
traduit du japonais par René de Ceccatty et Ryôji Nakamura

Les sources thermales, issues de terres volcaniques, jaillissent du Nord au Sud du Japon. L'eau peut y atteindre des températures très élevées. On compte 27 000 sources thermales et 3 000 stations thermales. Le bain est une sorte de rite de purification du corps et de l'esprit, élément essentiel du shintôisme : ce n'est pas du péché, mais d'impuretés que l'on se débarrasse en entrant propre dans le bain. *Onsen* se traduit littéralement par « ruisseau brûlant ». La pratique du *onsen* s'apparente à un pèlerinage et permet de se délester de la pesanteur ordinaire, de laisser tomber le masque dans un pays où les relations sont si lourdement codifiées et ritualisées.
L'intimité physique permet aussi l'intimité émotionnelle partagée, que ce soit avec des proches ou de simples inconnus. La pudeur vis-à-vis de la nudité, absente de manière générale au Japon, n'avait pas non plus sa place dans les *onsen*. Ainsi que le relève le *Japan Mail* : « On voit le nu, mais on ne le regarde pas. » Et comme l'ajoute Alan Mc Farlane : « Ni éludé ni souligné, le corps n'est regardé, ni avec peur ou dégoût, ni avec plaisir ; un corps est un corps, point. »
Mais, à la demande des Occidentaux, la séparation des sexes dans les *onsen* a été décrétée sous l'ère Meji. Peu pudibonds, les Japonais s'en étonnent.

LAFCADIO HEARN

Pardon d'être la première à m'endormir

Cher Chamberlain,

Je n'ai rien de nouveau à vous annoncer. Peut-être alors vous intéressera-t-il que je vous décrive une de mes journées, à laquelle ont chance de ressembler toutes les autres.

[...]

Quand la nuit est belle, nous sortons, chacun à notre tour, afin que les servantes puissent sortir de leur côté. Quelquefois nous allons au théâtre; mais notre plus grand plaisir est de découvrir et d'acheter de menus objets dans quelque boutique éclairée. On rapporte l'acquisition en triomphe, et tous s'asseyent en cercle pour l'admirer... Le plus souvent, mes soirées se passent à écrire. Quand des amis viennent me voir, le reste de la famille demeure invisible jusqu'à leur départ – à l'exception de ma femme, qui reste, si les hôtes sont d'importance, afin de veiller à leur confort.

Cependant l'heure des *Kami-Sama* approche. Durant le jour, ils ont reçu les offrandes habituelles, mais c'est le soir qu'on leur adresse des prières spéciales. Les petites lampes s'allument et chaque membre de la famille, moi seul excepté, récite les prières. Ces prières sont toujours récitées debout, mais celles adressées à l'*hotoké* se récitent à genoux.

Quelques-unes des prières sont dites à mon intention. On ne m'invita à prier qu'une seule fois – lorsque la Douleur visita la maison. Et alors je priai les Dieux, répétant les mots japonais un à un, à mesure qu'on me les soufflait... Lentement les petites lampes des Kami se consument.

C'est moi qui dois donner le signal du coucher. Il arrive qu'absorbé par mon travail, j'oublie l'heure : alors on me demande si je ne travaille pas trop... Les servantes étendent les *futons* dans les différentes chambres, on remplit les *hibachis* afin que nous – c'est-à-dire moi et les hommes de la famille – puissions fumer pendant la nuit, si nous le désirons. Tous les domestiques se prosternent en murmurant *o-yasumi*, et tout rentre dans le silence.

Parfois je lis jusqu'à ce qu'arrive le sommeil. D'autres fois, je continue à écrire au crayon dans mon lit; mais toujours, suivant la coutume ancienne, ma petite épouse me demande *pardon d'être la première à s'endormir*. Dans les premiers temps, j'avais essayé de la dispenser de ce rite trop humble à mon gré. Mais après tout, c'est une jolie coutume et si enracinée dans l'âme féminine d'ici, qu'on ne peut l'en extraire...

Et voilà comment se passe chacune de mes journées.

Lettres japonaises 1890-1903,
traduit de l'anglais par Edith de La Héronnière,
paru dans la *Revue des Deux Mondes* en juillet 1924

Stefan Zweig nous donne une explication au ravissement que l'on éprouve devant tant de simplicité et d'élégance, évoquant « la beauté qui tremble, incorporelle, au-dessus de toute quotidienneté, tel au-dessus de la fleur, le parfum qui est encore sien ».

R. P. LUÍS FRÓIS

La maison éternelle

Premiers Européens à s'implanter au Japon, les Portugais y nouent des liens commerciaux et, sous la férule de saint François Xavier, installent une mission jésuite. Arrivé au Japon en 1563, le R.P. Luís Fróis y vécut 30 ans, essentiellement à Nagasaki, où il mourut en 1597 et où il est enterré. On lui doit ce recueil de courtes observations, série d'instantanés. L'intérêt de ces descriptions comparatives vaut autant pour ce que l'on y apprend des us européens de l'époque que pour ce qu'elles nous disent du Japon.

Nos maisons sont hautes et à plusieurs étages; celles du Japon, pour la plupart, basses et de plain-pied.

Les nôtres sont de pierre et de chaux; les leurs, de bois, de bambou, de paille et de terre.

Les nôtres ont des fondations profondes sous terre; celles du Japon ont une seule pierre sous chaque *faxira*, au-dessus du sol.

Nos portes, pour la plupart, tournent sur des gonds; celles du Japon coulissent presque toutes sur des *xiqis*.

Nos cloisons sont de pierres et de chaux, ou de briques; celles du Japon sont faites de portes de papier.

Nos toits sont recouverts de tuiles; la plupart de ceux des Japonais, de planches, de paille ou de bambou.

Nos chambres sont de bois finement ouvragé et poli;

leurs salles de *chanoyu,* de bois brut, comme il vient de la forêt, pour imiter la nature.

Nos pièces ont généralement des fenêtres qui donnent beaucoup de clarté ; les *zaxiqis* du *chanoyu* sont sans fenêtre et très sombres.

Nous gardons comme un trésor les pierreries et les bijoux d'or et d'argent ; les Japonais conservent de vieux chaudrons, des porcelaines anciennes et cassées, des récipients de terre cuite, etc.

Nos maisons sont ornées de tissus, de tentures de cuir peint, et de tapisseries de Flandres ; ceux du Japon de *biobus* [paravents] de papier doré ou peint à l'encre noire.

Nos maisons sont ornées de tapis mauresques et d'autres moins précieux ; les leurs, de nattes de paille.

Les nôtres ont des coffres des Flandres, des malles marouflées de cuir, et des coffres de cèdre ; celles des Japonais des paniers noirs faits de peaux de vache.

Les gens d'Europe dorment au-dessus du sol dans des lits ou sur des couchettes ; les Japonais sur des tatamis qui couvrent toute la maison.

Nos matelas restent toujours à leur place dans nos lits ; ceux des Japonais sont enroulés et rangés dans des endroits dérobés à la vue.

Nos oreillers sont faits de plumes, de duvets, ou de bourres de coton tendres et longues ; ceux des Japonais d'une unique pièce de bois de la largeur d'un empan.

En Europe, les ciels de lits, les garnitures de franges, et les rideaux de damas et de soie sont en usage ; au Japon, en été, les *cayas* très fines de *nuno* [toile] ou de papier.

Européens & Japonais
Traité sur les contradictions & différences de mœurs

Dans la maison japonaise l'espace s'organise autour du vide et tout y est mobile. C'est l'objet qui fait la pièce : les coussins feront salon, le futon chambre à coucher et les cloisons de papier, frontières coulissantes, en déterminent l'espace. Tout s'y regarde de la position assise, si inconfortable pour nous pauvres étrangers, mais à laquelle la caméra d'Ozu nous a habitués. Les cloisons s'ouvrent sur le jardin si aisément qu'il existe une réelle continuité entre l'extérieur et l'intérieur. Mais, accéder à la maison se fait avec égards : « Dans la maison japonaise, l'exhaussement du plancher [...] joint à l'obligation de se déchausser et à la coutume de prendre un bain au retour du travail définit l'intérieur de l'extérieur sous le signe évident de la pureté » remarque Augustin Berque. La maison japonaise est un havre de paix où l'ombre est travaillée en clair-obscur. Mais les Japonais gardent présent à l'esprit le caractère éphémère de la vie d'une construction se sachant sous la menace constante des tremblements de terre.

JEAN-FRANÇOIS SABOURET

Le pinceau et le balai des écoliers

Jean-François Sabouret connaît bien le Japon. Il y vit depuis une trentaine d'années et ses enfants y sont nés. Il nous livre son expérience japonaise loin des clichés tels que les arts martiaux, les jardins zen, la cérémonie du thé, les geishas. Il nous parle du Japon quotidien, de la vie de famille, des relations de travail, de l'école, des petites maisons, du présent. Quel étonnement d'apprendre que les petits Japonais contribuent au ménage de leur classe ou au service de la cantine. L'école est un lieu d'apprentissage des savoirs mais aussi de la vie en société. Si dès l'école, les petits Japonais apprennent à vivre en société, à l'âge adulte ce principe s'applique dans la communauté de quartier chonaika *: la plupart des habitants participent à l'entretien des espaces publics et de la voirie, à la sécurité, à l'organisation des fêtes locales. Claude Levi-Strauss avait déjà souligné que « chaque individu, quels que soient son rang et sa condition, se perçoit lui-même comme un centre de dignité, de sens et d'initiative ».*

« Je suis chercheur et travaille sur le système éducatif de votre pays, mais pour ce voyage-ci ce n'est pas la raison qui m'amène... »

Il rit de plus belle.

« Le système éducatif. Mais que voulez-vous en dire, sinon que c'est une horreur ? Et que cela ne va pas en s'arrangeant puisque la compétition est de plus en plus exacerbée à tous les étages du système... ?

— Je ne partage pas votre point de vue. Il y a des aspects vraiment intéressants, comme les activités périscolaires obligatoires, le sens du respect de l'espace public donné dès l'école primaire aux enfants...

— Je ne comprends pas ce que vous voulez dire.

— Par exemple, après les cours, les enfants font le ménage de leur classe ou dans le couloir. Ils nettoient et récurent les toilettes à tour de rôle. Le midi, à tour de rôle ils servent le repas dans la classe à leurs camarades qui déjeunent sur leur propre table de travail. Quand l'école est finie, ils restent pour jouer ou avoir des activités culturelles : du théâtre, de la radio, du football... »

Mon interlocuteur ouvre de grands yeux étonnés.

« Je ne vois pas ce qu'il y a d'intéressant là-dedans. Les enfants font ce qu'il est normal de faire. Leurs parents font bien le ménage chez eux. Vous ne voudriez tout de même pas qu'ils partent le soir en laissant la classe en l'état ?

— Si. Cela arrive. Dans mon pays, en France, c'est ainsi. Les enfants partent le soir et laissent leur salle telle quelle. Des équipes d'agents d'entretien viennent nettoyer ensuite... »

Le journaliste estime que ce système doit être bien coûteux et les spécialistes du ministère de l'Éducation, inconséquents puisque l'école a, selon lui, une double fonction : celle de dispenser un savoir mais aussi de former des personnes à la vie en société. Ce qui commence par le respect de l'espace public.

« Je comprends mieux maintenant pourquoi il y a tant de crottes de chien dans la rue à Paris. Ces choses-là s'apprennent dès l'école. Il y a trois ans, je suis venu dans votre pays à Paris, pour réaliser une série de reportages sur les restaurants de Paris en vogue chez les Japonais. C'était bien payé. C'était excellent et sympa, mais alors : que vos rues sont sales. »

Sa réponse touche une petite corde sensible, mais il a raison. Le respect de l'espace public reste encore chez les Français une idée relativement neuve et le temps n'est pas si loin à Paris où l'on jetait les déjections de toute sorte par les fenêtres, tandis que dans la capitale Edo (l'ancien nom de Tôkyô) toutes les ordures étaient transportées par bateau à travers les nombreux canaux de la ville. Edo ne sentait pas mauvais tandis que Paris était plus souvent un cloaque qu'une vallée de roses.

En général, la rue japonaise est sûre et propre. Et l'école japonaise, qui n'a pas que des mérites, loin de là, offre au moins celui d'éduquer chaque personne au respect de l'espace commun, ce bien public.

Besoin de Japon

ROLAND BARTHES

La boîte, l'objet du cadeau

Segalen avait dit du Japon que c'était « un pays illisible ». En s'attachant à des détails en apparence tout à fait insignifiants, Roland Barthes, dans L'empire des signes, *va rendre intelligible ce « là-bas japonais ». C'est sous la forme de vingt-six chapitres thématiques qu'il se propose d'évoquer les « signes » du quotidien car, précise-t-il, la « saveur humaine » est plus éloquente que le « savoir ». Il n'y sera donc question « ni d'art, ni de folklore, ni même de civilisation. Il sera question de la ville, du théâtre, de la politesse, [...] des visages, des yeux et des pinceaux avec quoi tout cela s'écrit mais ne se peint pas ».*

[L]'intention sadique (bien plus affichée qu'accomplie) est naïvement — ou ironiquement — absorbée dans la pratique, non d'une passivité, mais d'un art extrême : celui du paquet, du cordage.

Cependant, par sa perfection même, cette enveloppe, souvent répétée (on n'en finit pas de défaire le paquet), recule la découverte de l'objet qu'elle renferme — et qui est souvent insignifiant, car c'est précisément une spécialité du paquet japonais, que la futilité de la chose soit disproportionnée au luxe de l'enveloppe : une confiserie, un peu de pâte sucrée de haricots, un « souvenir » vulgaire (comme le Japon sait malheureusement en produire) sont emballés avec autant de somptuosité qu'un bijou. On dirait en somme que c'est la boîte qui est l'objet du cadeau, non ce qu'elle contient : des nuées d'écoliers, en excursion d'un jour, ramènent à leurs parents un beau paquet contenant on ne sait quoi, comme s'ils étaient partis très loin et que ce leur fût une occasion de s'adonner par bandes à la volupté du paquet. Ainsi la boîte joue au signe : comme enveloppe, écran, masque, elle vaut pour ce qu'elle cache, protège, et cependant désigne : elle *donne le change,* si l'on veut bien prendre cette expression dans son double sens, monétaire et psychologique ; mais cela même qu'elle renferme et signifie, est très longtemps *remis à plus tard*, comme si la fonction du paquet n'était pas de protéger dans l'espace mais de renvoyer dans le temps ; c'est dans l'enveloppe que semble s'investir le travail de la *confection* (du faire), mais par là même l'objet perd de son existence, il devient mirage : d'enveloppe en enveloppe, le signifié fuit, et lorsque enfin on le tient (il y a toujours un petit *quelque chose* dans le paquet), il apparaît insignifiant, dérisoire, vil : le plaisir, champ du signifiant, a été pris : le paquet n'est pas vide, mais vidé : trouver l'objet qui est dans le paquet ou le signifié qui est dans le signe, c'est le jeter : ce que les Japonais transportent, avec une énergie formicante, ce sont en somme des signes vides. Car il y a au Japon une profusion de ce que l'on pourrait appeler : les instruments de transport ; ils sont de toutes sortes, de toutes formes, de toutes substances : paquets, poches, sacs, valises, linges (le *fujô :* mouchoir ou foulard paysan dont on enveloppe la chose), tout citoyen a dans la rue un baluchon quelconque, un signe vide, énergiquement protégé, prestement transporté, comme si le fini, l'encadrement, le cerne hallucinatoire qui fonde l'objet japonais le destinait à une translation généralisée.

L'empire des signes

L'emballage, *origata*, est un art à part entière qui requiert minutie et précision. Le sens des plis, leur nombre, l'association des couleurs ont une signification précise. Si l'on plie le papier cadeau sur la droite en laissant une légère ouverture sur le côté gauche, il s'agira d'un message de « bonne chance ». À l'inverse en réalisant le « pli du malheur », on adressera un message de condoléances à une famille en deuil. Pour emballer en cadeau de mariage, on s'emploiera à en faire le nœud indénouable. Mais il faudra faire attention dans le choix de la couleur de la ficelle : si les teintes rouge, or et argent sont propices, le blanc seul ou combiné avec le noir ou le bleu sont évocateurs d'un destin funeste.
Il existe d'innombrables occasions d'échanger des cadeaux : lors de rites de passage, des changements de saisons si joliment appelés « les pliures du temps », des départs, des retours, des rencontres, etc. Dans un pays où les kamis sont partout, S. Izumi dit : « L'objet étant le réceptacle d'une existence, l'emballage ne sert pas uniquement à préserver un objet mais à offrir un abri à un cadeau plein de vie. » Et Hideyuki Oka a même consacré un livre à la question de savoir : « Comment emballer cinq œufs ». Mais gare au respect de la règle de la réciprocité de l'échange des cadeaux, sous peine de tomber dans le piège inextricable des On et Giri, et de ne pouvoir faire face à une escalade de dettes et obligations, dons et contre dons.

HIROMI KAWAKAMI

Pa, chin, ko

Hironi Kawakami a reçu le prix Tanizaki en 2001 pour son roman Les années douces. *Elle y évoque des rencontres épisodiques et informelles entre un vieux professeur et son ancienne élève, si pudiques qu'on les dirait d'un autre temps : partage d'un saké, cueillette aux champignons, cerisiers en fleurs, aucun événement majeur. Même le vacarme d'une salle de pachinko ne bouscule pas ces instants partagés dans une douce et mélancolique lumière.*

« Vous venez souvent ici ? » ai-je demandé, et le maître a opiné de la tête sans un mot. Il a l'air totalement absorbé. Il a ajusté la manette avec une très grande attention. Une bille est sortie, puis les autres sont apparues les unes après les autres.

La première bille est entrée. Dans l'assiette, plusieurs billes sont tombées. Le maître a serré le bouton avec une prudence redoublée. Plusieurs fois, les billes sont tombées dans les trous alignés de chaque côté de la planche, et à chaque fois l'assiette se remplissait de plus belle.

« Eh bien, il en sort, des billes ! ai-je soufflé derrière lui, mais le maître, sans quitter des yeux la machine, a secoué la tête.

Vous n'avez encore rien vu ! »

En même temps qu'il disait cela, une bille est tombée

dans le trou au centre de la machine, et les trois dessins alignés au milieu se sont mis à tourner dans une danse folle. Ils s'agitent en tout sens, sans qu'on leur ait rien demandé. Le maître s'est redressé, et il a continué à lancer des billes sans perdre son calme. Il m'a semblé que les billes tombaient moins aisément dans les trous que tout à l'heure.

« Elles ne tombent pas facilement, on dirait ! ai-je dit, et le maître a acquiescé.

— Il faut croire que c'est parce que je suis plus nerveux. »

Sur la machine, deux dessins représentant le même motif se sont retrouvés alignés en même temps. Seule la troisième image continue de tourner sans arrêt, au hasard. Parfois, elle donne l'impression qu'elle va cesser de tournoyer, mais c'est à ce moment qu'elle recommence brusquement sa ronde incontrôlable.

J'ai demandé : « Si les trois dessins deviennent tous pareils, c'est qu'on a une chance formidable ? » Cette fois, le maître s'est retourné vers moi : « Tsukiko, vous n'avez jamais joué au pachinko ? m'a-t-il demandé.

— Non, jamais. Quand j'étais au C.P., mon père m'a emmenée avec lui, et ça m'est arrivé de jouer au pachinko, mais le vieux système, celui où les billes rebondissent une par une. Et vous savez, je me défendais plutôt bien. »

Dès que j'ai eu fini de parler, la troisième image s'est immobilisée. Les trois dessins étaient identiques.

Dans le magasin, on a entendu un haut-parleur qui annonçait : « Le client assis à la place 132 est parti pour jouer la grande chance. Bravo, nous le félicitons ! » et l'appareil du maître s'est mis à clignoter avec frénésie.

Le maître ne me regarde plus, il est tout entier à sa

machine. Il a le dos légèrement arrondi, ce qui n'est pas dans ses habitudes. L'une après l'autre, les billes n'en finissent pas de jaillir, avant d'être englouties par une énorme tulipe ouverte au milieu de la planche. Les petites boules argentées n'arrêtent pas de déborder de l'assiette qui se trouve en bas de la machine, avec un bruit assourdissant. Un employé arrive en portant un grand récipient rectangulaire. De sa main gauche, le maître tire le levier en bas de la machine, de la droite il serre le volant. Tout en déplaçant de façon presque insensible la position, il lutte pour mettre dans la tulipe ne serait-ce qu'une bille de plus.

La boîte rectangulaire est à présent remplie de billes.

« C'est bientôt la fin… » murmure le maître. Alors que le récipient était plein à ras bord, la tulipe s'est refermée, et la machine est soudain devenue silencieuse. Le maître s'est redressé pour la seconde fois, et il a lâché le levier.

Les années douces,
traduit du japonais par Elisabeth Suetsugu

Le pachinko ne se joue qu'au Japon. Son nom tire son origine du cliquetis de la bille d'acier dégringolant : pa, chin, ko. Ce jeu, pratiqué par un Japonais sur quatre, serait né à Nagoya après la Seconde Guerre mondiale, permettant aux industriels de l'aviation militaire d'écouler les stocks de roulements à bille qui leur restaient… On s'assoit devant le cadran comme on viendrait déposer son obole à la déité Pachinko, légèrement courbé dans une attitude de réserve et de solitude. Dans ce pays de contraintes on s'y défait de soi-même, comme un défoulement.

NAOMICHI ISHIGE

Un jardin miniature sur la table

Naomichi Ishige est un anthropologue de l'alimentation. L'expression « art culinaire » n'est certainement pas un abus de langage au Japon car sa pratique y a été élevée au rang de discipline artistique à part entière avec un grand souci du détail et de l'esthétisme. Un tableau harmonieux de couleurs, de formes et de matières : ainsi se présente le repas traditionnel. On ne l'entame pas par un « bon appétit ! », mais par un « itadakimasu *», c'est-à-dire « Je reçois avec humilité » forme d'hommage aux grâces faites par la nature à qui l'on doit ce repas.*

La grande cuisine japonaise depuis le XVIIIe siècle s'est attachée à recréer l'esprit des jardins sur la table. À cette époque, les plats devaient représenter des paysages *sansui*. Le mot *sansui* signifie littéralement « montagnes et eaux », deux éléments symbolisant la nature. Ce terme technique est utilisé en peinture mais aussi dans les jardins. En effet, il n'est pas un jardin traditionnel qui ne représente, d'une façon ou d'une autre, les thèmes de la montagne et de l'eau. Lorsque les *sashimi* sont présentés à la façon *sansui*, les tranches de poisson cru sont arrangées en forme de vagues et déposées au premier plan. À l'extrémité de l'assiette (du point de vue de l'invité) de fines lamelles de radis *daikon* sont arrangées de façon à représenter une montagne. Tout autour, on dispose de petits morceaux de légumes pour créer la végétation. Par convention, la montagne ne forme pas une pyramide équilatérale comme on pourrait l'imaginer mais un triangle aux côtés inégaux, plus haut sur la droite. Par exemple, prenons un plat rectangulaire sur lequel sont disposées trois préparations différentes : les deux premières préparations seront disposées en premier plan et la troisième sera placée en décalage, au fond, à droite du plat. Dans ce cas, la préparation du fond sera forcément la plus raffinée des trois.

[...] Dans la cuisine japonaise [...] il est rare de voir des représentations trop réalistes, considérées comme une faute de goût. Même dans le style *sansui* où l'on représente les montagnes et la mer, l'arrangement est toujours basé sur des formes abstraites. L'invité non initié peut regarder les plats sans se douter un instant qu'il s'agit d'une montagne ou de la mer. Contrairement aux cuisiniers chinois et européens qui mettent l'accent sur la disposition symétrique des plats, les Japonais jouent plutôt sur l'asymétrie. L'une des raisons pour lesquelles la symétrie est proéminente en Chine est que les nombres pairs sont de bon augure dans cette culture alors que l'on préfère les nombres impairs au Japon. En effet, un plat japonais est composé généralement de trois, cinq ou sept variétés et rares sont les nombres pairs.

En Chine et en Europe, les invités sont installés autour de la table pendant le repas et l'on préfère les services symétriques car ils donnent une impression de perfection quel que soit l'endroit d'où l'on regarde. Au Japon, de la même façon que les jardins sont créés pour être vus d'un angle en particulier, la cuisine traditionnelle est organisée pour être contemplée d'un seul point. Une personne assise devant un plateau-repas traditionnel *zen* regarde celui-ci par-dessus. La plupart des plats japonais sont asymétriques et ils sont conçus pour être orientés dans un sens bien précis. L'esthétique de la cuisine japonaise consiste à créer un jardin japonais miniature sur la table.

L'art culinaire au Japon,
traduit du japonais par Emmanuel Marès
© Nîmes, Lucie Éditions,
coll. Histoire et Patrimoine, 2012, 296 pages

Au Japon, le repas est placé sous le signe du chiffre cinq. Y président, cinq couleurs (vert, jaune, rouge, blanc et noir), cinq saveurs (acide, amer, piquant, sucré, salé), la représentation des cinq éléments de la nature (le feu, le bois, le métal, l'eau et la terre) ; et il sera le produit de cinq procédés culinaires (cru, bouilli, grillé, à la vapeur et frit). Les mets sont servis dans des plats qui devront les mettre en valeur en fonction des saisons. L'été on privilégie la porcelaine fine. En hiver une céramique plus épaisse. L'élégance d'une laque opposée à un bol de grès rustique aux formes imparfaites ou le rapprochement d'une coupelle de bois et d'un céladon étonnent le regard. Il convient tout autant de veiller à un contraste entre le met et sa présentation : un plat carré accentuera la rotondité d'un aliment ; l'aspect terne du tofu sera valorisé par un appel de couleur ; le sushi luisant reposera sur du bois et les tempuras dans un fin panier de bambou. La disposition des aliments dans les plats obéit également à divers styles : *shin* : (formel et strict), *gyô* (cursif) ou *sô* (fouillis).
Chaque récipient fait la part belle au vide, il est peu rempli et l'asymétrie est respectée dans ce tableau, véritable ode à la nature.

KARYN POUPÉE

La courtoisie à plein temps

Mariée à un dessinateur de mangas, Karyn Poupée vit à Tokyo depuis 2002 comme correspondante pour l'Agence France Presse. Pour Les Japonais, *elle a reçu le prix Shibusawa-Claudel en 2009. Elle y dresse un portrait très détaillé de la population japonaise. Les étrangers au Japon ont parfois tendance à prendre pour de l'obséquiosité ce qui n'est pourtant qu'un savoir-vivre ensemble. Tout y est codifié. Il existe plusieurs sortes de saluts : le salut informel s'exécute avec un angle de 15 degrés avec le buste ou un simple mouvement de la tête vers l'avant. Pour le salut formel, la règle est simple : 30 degrés sont de mise, le dos droit, mains sur les côtés pour les hommes ; alors que les femmes doivent réunir leurs mains au niveau des genoux. Quant au salut d'excuse, on va jusqu'à 45 degrés et on le maintient plus longtemps.*

Les Nippons font ainsi penser parfois à l'allumeur de réverbères du *Petit Prince* de Saint-Exupéry, sur la cinquième planète. Comme lui, en débarquant ici en provenance de la quatrième planète, celle du businessman sérieux, un vieux monsieur cramoisi qui n'arrête pas de dénombrer et recompter, on peine d'abord à s'expliquer à quoi servent ces armadas d'employés, dans les magasins, dans les cafés, dans les banques, chez le dentiste, dans les cinémas, bref partout, juste payés pour répéter *irraishaimasse* — bienvenue — à l'entrée, *arigato gozaimashita* — merci — à la sortie, comme l'allumeur de réverbères, « bonjour », « bonsoir ». « Y a rien à comprendre, la consigne c'est la consigne. Bonsoir. » L'un donne le *la* et tous les autres, comme en écho, entonnent en chœur les mêmes mots. Rôle rempli, rite respecté, c'est la consigne, elle est gravée, et partout elle est observée. Cette rengaine permanente, chantée à chaque fois qu'un client pénètre dans les lieux ou s'en éloigne, est certes un signe de politesse, mais n'est-elle pas futile tant elle apparaît systématique et machinale ? Et comme le Petit Prince, l'étranger de s'interroger. Peut-être bien que ces gens sont absurdes, se questionne-t-il, peu habitué à bénéficier d'un tel dévouement. Puis finalement, il finira par trouver cela agréable, et tout bien réfléchi, en conclura que c'est là une occupation « vraiment très utile puisque très jolie », saluer les gens avec respect, leur sourire, les conseiller, les aider, les remercier, quelle que soit leur attitude. Connaissez-vous d'autres pays au monde, par les temps qui courent, où l'on accepte de rémunérer à temps plein des préposés à la courtoisie, maîtres ès courbettes dans les commerces ?

Les Japonais
© Éditions Tallandier, 2008

> «Je vous remercie d'avoir utilisé nos services et je vous prie de bien vouloir me présenter vos billets» dit le contrôleur de train à l'entrée du wagon après avoir ôté sa casquette et s'être incliné. Qui donc se plaindrait de tant de prévoyance !

CHANTAL DELTENRE ET MAXIMILIEN DAUBER

Manières de tables

Polies et même honorables

– déguster son plat jusqu'au dernier grain de riz

– tenir son bol avec le pouce sur le rebord et les quatre autres doigts serrés sous le récipient

– manger ses *nigiri-sushi* avec les doigts, sans les baguettes, l'index sur le dessus et le pouce et le majeur sur le côté

– finir son bol en le portant à la bouche

– quand quelqu'un vous sert à boire, tenir son verre levé de la main droite tout en maintenant dessous les quatre doigts serrés de la main gauche

Tolérées sans être encouragées

– s'essuyer le visage et même la nuque avec la serviette chaude et humide *(oshi-bori)* qui vous est présentée au début du repas. Elle sert normalement à se nettoyer les mains, mais son usage plus étendu est fréquent dans les restaurants plutôt populaires.

– lors d'un repas sur *tatami*, les femmes se mettent à genoux les jambes sur le côté et les hommes s'assoient jambes croisées en tailleur

– lors d'un repas sur *tatami*, il est toléré, par égard pour la raideur supposée du convive, qu'un homme étranger s'assoie à la manière des femmes, à genoux les jambes sur le côté

– laisser les femmes servir lors des repas entre amis ou collègues (à la maison, cela va sans dire… hélas !?)

– parler la bouche pleine en mettant la main devant la bouche

– trinquer avec du saké (c'est théoriquement mal vu)

aspirer ses nouilles bruyamment (plus on fait de bruit, plus on signale apprécier le plat)

Grossières et dignes de vous coller au front étiquette du parfait gaijin

– faire le tri dans son bol ou son assiette pour laisser de côté un aliment ou un condiment qui ne vous revient pas

– se ruer sur la dernière portion qui reste dans le plat commun lors des repas entre amis ou collègues

– tenir son bol et ses baguettes d'une seule main

– lors d'un repas sur *tatami,* il n'est évidemment pas envisageable qu'une femme occidentale s'assoie à la manière d'un homme, jambes croisées en tailleur

– laisser des grains de riz flotter dans la petite coupelle de *shôyu* (sauce de soja) quand on déguste des *sushi*

– se servir à boire soi-même – il faut toujours attendre qu'un autre convive vous le propose

Japon, Miscellanées

RUDYARD KIPLING

Le train, passion japonaise

Rudyard Kipling quitte Calcutta en 1889 pour les États-Unis et fait escale au Japon. Il écrit une chronique sous forme de correspondance, parfois marquée d'une condescendance et d'une ironie malvenues, surtout quand elles s'exercent à l'encontre des trains japonais. Le train fait en effet partie intégrante de la culture nippone. Les gares sont à l'image de ce que représente dans nos villages la mairie ou l'église : point de repère, rassemblant tous les commerces utiles à la vie quotidienne. Sur la nouvelle grande ligne Shinkansen, *le premier train à grande vitesse a été mis en service le 1er octobre 1964 sous une pluie de confettis en présence de l'empereur Hirohito.*

Il y a environ sept cents ans, le roi de ce temps-là construisit une route maritime qu'il appela le Tokaido (ou plutôt, toute la côte maritime fut appelée le Tokaido, mais cela n'a pas d'importance), laquelle route dure encore aujourd'hui. Plus tard, lorsque l'ingénieur anglais fit son apparition, il suivit de plus ou moins près l'idée du Grand Trunk[1] et il en est résulté un chemin de fer devant lequel toute nation peut ôter son chapeau. Le dernier tronçon de la ligne directe de Kioto à Yokohama venait d'être ouvert

1. Le « Grand Trunk » est cette célèbre grand-route de l'Inde, avec laquelle les lecteurs assidus de M. Rudyard Kipling sont sans doute familiers. (Voir *Kim*.)

cinq jours avant que le professeur et moi l'honorassions d'une inspection non officielle.

L'organisation de ce chemin de fer, en toutes ses branches, a en vue le bien des Japonais ; et c'est chose déconcertante pour l'étranger, qui s'attend à trouver dans une voiture ressemblant au matériel roulant du East India Railway les commodités de cette vieille ligne vert pois et poussiéreuse. Mais elle convient à merveille aux Japonais : ils sautillent sur le quai dans une station sur deux – *pro re nata* – et parfois arrivent à ce qu'on les laisse derrière. Il y a deux jours, la compagnie s'arrangea pour tuer un haut fonctionnaire du gouvernement entre un marchepied et une plate-forme, et aujourd'hui les feuilles japonaises discutent sérieusement les avantages des « lavabos ». Loin de ma pensée de m'immiscer dans les dispositions que peut prendre un empire artiste ; mais, lorsqu'il s'agit d'un parcours de douze heures, on pourrait bien en prendre, des dispositions.

Lettres du Japon,
traduit de l'anglais par Louis Fabulet
et ArthurAustin Jackson © Mercure de France

Dans les trains, le personnel en gants blancs accueille le voyageur comme un hôte et l'on y consomme des *bentos* de qualité dans un cadre d'une propreté sans égale. La ponctualité y est parfaite et les retards annuels cumulés de tous les Shinkansen se comptent en minutes, voire en secondes. Tous, employés et passagers, y coopèrent : vous n'y disposerez que de quelques minutes pour embarquer et, sept minutes chrono, c'est le temps que les équipes prennent pour faire le ménage. Emprunter le train au Japon est une expérience de civilité et de savoir-vivre exemplaires à ne pas manquer.

ÉTRANGETÉS JAPONAISES

JUNICHIRO TANIZAKI

Peaux de brocart

Junichiro Tanizaki publie Le tatouage *en 1910. Seikichi y est un ancien peintre d'estampes qui, devenu tatoueur et ayant atteint le sommet de son art, cherche la jeune fille parfaite sur le corps de laquelle il pourra graver son ultime chef-d'œuvre. Son choix se porte sur Satsuko, jeune geisha qu'il va séquestrer et endormir pour, durant toute une nuit et un jour, tatouer sur son dos une tarentule, insigne du pouvoir maléfique qu'elle exerce sur les hommes.*

Un jeune tatoueur du nom de Seikichi était orfèvre en la matière. Célébré comme étant au moins aussi habile que Charibun d'Asakusa, que Yappei et Konkonjirô de la rue de Matsushima, que d'autres encore, c'est par dizaines que les clients déployaient le satin vierge de leur épiderme sous la pointe de ses pinceaux. La plupart des tatouages les plus hautement prisés lors des concours étaient des œuvres de sa main. Si Darumakin passait pour le spécialiste des tons dégradés, si de Karakusa-gonta on portait aux nues les tatouages au cinabre, Seikichi les surpassait encore en réputation par ses singulières compositions et la souplesse voluptueuse de ses tracés. D'abord fanatique de l'école de Toyokuni et de Kunisada, il avait vécu de sa production d'estampes. Déchu au rang de tatoueur, il avait néanmoins conservé de l'artiste d'autrefois la conscience scrupuleuse et l'aiguë sensibilité. Faute d'une ossature et d'une peau capables de le séduire, vous perdiez votre temps à vouloir acheter son concours ; et si par hasard il consentait, il fallait lui donner carte blanche pour le choix de la composition comme pour le prix ; et subir de plus un mois, deux mois durant, l'insupportable supplice de ses aiguilles...

Un vœu dès longtemps caressé et des jouissances inconnues d'autrui étaient enfouis au plus profond du cœur du jeune maître. Quand la pointe de ses aiguilles pénétrait les tissus, la plupart des hommes gémissaient de douleur, incapables d'endurer plus longtemps le martyre des chairs tuméfiées, cramoisies, gorgées de sang ; et plus déchirantes étaient les plaintes, plus vive était l'indicible jouissance qu'étrangement il éprouvait.

Il avait une prédilection marquée pour deux techniques réputées particulièrement douloureuses : le tatouage au cinabre et le tatouage à coloris dégradés. Quand, dans une seule journée, après avoir en moyenne subi la perforation de cinq ou six cents aiguilles, on ressortait du bain chaud destiné à aviver les couleurs, c'était pour s'abattre à moitié mort aux pieds de Seikichi, où l'on restait un bon moment incapable du moindre mouvement. Et lui, contemplant d'un œil glacé la forme misérable, ne manquait jamais de dire avec un sourire de satisfaction :

« Vrai ! Ce que vous devez avoir mal ! »

Quand il avait affaire à une poule mouillée qui, toute honte bue, tordait la bouche et serrait les dents comme à l'agonie en poussant des petits cris de détresse, il lançait :

« Tu es pourtant un gars d'Edo ! Prends ton mal en patience !... C'est bien connu qu'elles font atrocement mal, les aiguilles de Seikichi ! »

Et tout en jetant des regards de coin sur la face ruisselante de larmes, il poursuivait comme si de rien n'était ses perforations. Ou encore, si quelqu'un était assez maître de soi pour tout supporter sans broncher, sans un seul froncement des sourcils, il riait en découvrant ses dents blanches :

« Oui, oui, tu veux te donner des airs de dur… Mais tu vas voir : ça va se mettre à t'élancer si fort que tu auras beau faire, tu ne pourras plus y tenir ! »

Le Tatouage,
traduit du japonais par Marc Mécréant,
In *Œuvres*, Bibliothèque de la Pléiade

Exécutés par d'anciens graveurs ou peintres de cerfs-volants les tatouages ont été à l'origine, la marque d'infamie des criminels, mais aussi un substitut de vêtement pour les « mecs des nuages », à savoir sans logis, ou les hommes de peine dont il permettait d'identifier la tâche : le poissonnier se dotait d'une carpe, et le joueur, de cartes ou de pions. Puis, à l'époque d'Edo, l'engouement pour le tatouage gagna d'autres cercles. Les plus fortunés demandaient des motifs originaux à des artistes. Des concours s'organisaient. Les lauréats pouvaient : l'un arborer des reins parcourus par toute l'escorte d'un daimyo ; l'autre exhiber une verge semblant épinglée d'une abeille de manière si réaliste qu'on pouvait imaginer qu'en retirant l'épingle l'insecte allait s'envoler ; sans compter les dragons ou sorcières animés par la musculature du dos sur lequel ils avaient été gravés. Dans les quartiers « des fleurs et des saules » où l'on honorait la noble vertu de frivolité, s'épanouissaient les tatouages d'amour.

C'est au XIXe siècle que le tatouage a connu son âge d'or et est devenu une expression picturale à part entière, puisant son inspiration dans le corpus des légendes populaires et muant le corps des hommes en « peaux de brocart » d'un réalisme troublant, même si les « fleurs ne donneront pas de fruits ».
Se faire tatouer implique pourtant un investissement important : financier qui peut atteindre trois à cinq millions de Yens pour un corps entier ; en temps, puisqu'il faut y consacrer plusieurs mois voire des années de séance ; et en résistance à la douleur des incisions, comme l'exprime bien l'expression « la peau du courage ».
Comment expliquer tant d'abnégation vouée à parer de beauté un support aussi éphémère que la peau humaine, sinon y voir une sorte d'apprentissage aux épreuves de la vie, mais également une volonté de marquer son appartenance à un groupe, serait-il celui marginal des Yakusas, alors qu'en Occident s'y manifeste plutôt une revendication d'individualité ?
Mais, mieux que ces hypothèses, je ne puis que vous conseiller la lecture et la contemplation de l'ouvrage de Philippe Pons *Peau de Brocart*.

CONSTANCE SERENI
ET PIERRE FRANÇOIS SOUYRI

Esprits du vent

À la fin de la guerre du Pacifique, dans un sursaut désespéré qui n'empêchera pas la défaite, l'aviation japonaise envoie à la mort quelques milliers de jeunes gens pour frapper l'ennemi dans un ultime « saut dans le vide » : le réservoir de leur avion était rempli pour un aller-simple. Le mot kamikaze, *« esprits du vent », tire son origine de deux mémorables combats menés contre la flotte de Khubilaï Khan au* XIIIe *siècle. De redoutables typhons contribuèrent à mettre en échec ces deux tentatives d'invasions mongoles et les Japonais se plurent à attribuer leurs victoires à une intervention de ces kamis du vent.*

Chers parents,

Vous pouvez me féliciter. On m'a offert la chance d'avoir une mort superbe. Aujourd'hui est mon dernier jour. Le destin de notre patrie dépend de cette bataille décisive dans les mers du Sud où je vais tomber, tels les pétales d'un cerisier radieux.

Je vais être le bouclier de Sa Majesté, mourir d'une belle mort avec mon chef d'escadrille et mes amis. Combien j'aurais aimé être né sept fois, pour frapper l'ennemi à chaque fois !

Comme j'apprécie d'avoir la chance de mourir comme un homme ! Je vous suis profondément reconnaissant, à vous qui m'avez élevé, m'entourant de vos prières constantes et de tout votre amour. Et je suis aussi reconnaissant envers mon chef d'escadrille et tous mes supérieurs, qui se sont occupés de moi comme si j'étais leur propre fils et qui m'ont entraîné avec tant de soin.

Merci, mes parents, pour ces 23 années pendant lesquelles vous vous êtes occupés de moi et m'avez guidé. J'espère que ce que je vais faire maintenant pourra repayer au moins en petite partie ce que vous avez fait pour moi. Pensez du bien de moi, et sachez que votre Isao est mort pour notre pays. C'est mon dernier souhait. Il n'y a rien d'autre que je désire.

Mon esprit reviendra vers vous. J'attends avec impatience votre visite au sanctuaire Yasukuni. Prenez bien soin de vous.

Combien est glorieuse l'unité Giretsu des forces d'attaque spéciales, dont les bombardiers Suisei vont fondre sur l'ennemi ! Notre but est de plonger sur les porte-avions ennemis. Des cameramen sont venus faire des prises de vues. Il est possible que vous nous voyiez au cinéma, pendant les actualités.

Nous sommes seize guerriers aux commandes de bombardiers. Que notre mort soit soudaine et propre, comme un cristal qui se brise.

Écrit à Manille, la veille de notre mission.

Isao

Kamikazes (25 octobre 1944-15 août 1945)

En 1944, ils étaient très jeunes, pour la plupart étudiants ! Une cérémonie publique les invitait à suivre la trace des héros nationaux. Les officiers, après avoir prononcé des discours patriotiques, demandaient alors aux volontaires de se présenter en levant la main ou tout simplement en faisant un pas en avant. Il fallait du courage pour refuser cet appel à mourir en héros, au risque de passer pour un lâche. L'esprit du *bushido* et les mythes sacrificiels ont de tout temps habité la littérature japonaise et le sacrifice pour la survie du groupe a, au Japon, une légitimité bien ancrée dans la culture. Selon le shintoïsme, mourir pour l'Empereur et la patrie permettait d'acquérir le statut de divinité immortelle : « Mourir tous pour l'Empereur, tels de magnifiques pétales de cerisiers. » On donnait aux kamikazes le nom de « Fleurs de cerisier de tonnerre divin ». Ne voyait-on pas des jeunes filles agiter des branches de cerisiers lors des décollages de ces avions ! « Que notre mort soit soudaine et propre comme un cristal qui se brise ». Pourtant les lettres adressées à leurs proches par ces jeunes gens sacrifiés témoignent de sentiments contradictoires. Si l'un dit « on m'a offert la chance d'avoir une mort superbe » ; l'autre déplore les « longs discours militaristes ou harangues trompeuses. Quelle bande méprisable et médiocre ! ».

EUGÈNE HERRIGEL

Tirer sans viser

Eugène Herrigel part au Japon dans les années 1920 enseigner la philosophie à l'université Impériale de Sendaï. C'est son intérêt pour le bouddhisme zen qui l'y avait amené mais ne parvenant pas y accéder par la pratique, il va alors, durant cinq années, suivre l'enseignement du tir à l'arc – y voyant la meilleure expression du zen – avec un Maître de grande renommée, Kenzo Awa. L'ouvrage qu'il en tire, Le Zen dans l'art chevaleresque du tir à l'arc, *sera durant une cinquantaine d'années un véritable best-seller qui a largement contribué à la vogue du zen en Occident. Il sera ensuite très contesté. En 1974, on peut lire le* Traité du Zen et de l'entretien des motocyclettes *de Robert Pirsig avec un thème commun : accomplir une tâche ordinaire peut avoir une dimension spirituelle.*

Jusqu'à présent, le coup lâché m'ébranlait chaque fois visiblement d'une violente secousse qui se prolongeait dans tout le corps et aussi dans l'arc et la flèche. Impossible ainsi d'obtenir un coup aisé et sûr, car il était inévitable que le tremblement le fasse dévier.

« Tout ce que vous avez appris jusqu'ici, dit un jour le Maître, lorsqu'il ne vit plus rien à reprendre à ma façon de bander l'arc sans crispation, tout n'était que préparation au déclenchement du coup. Nous voici donc en présence d'une nouvelle tâche, particulièrement difficile, et nous nous élevons en même temps à un nouvel échelon du tir à l'arc. »

Ayant parlé, il saisit son arc, le banda et tira. Alors seulement, mon attention étant spécialement attirée sur ce point, je m'aperçus que la main droite du Maître, subitement ouverte et libérée de la tension, partait en arrière en un brusque mouvement de ressort, mais sans entraîner la moindre agitation du corps. Le bras droit qui, avant le coup, formait un angle aigu, cédait, il est vrai, à l'effort qui l'ouvrait, mais il se détendait sans violence, de sorte que l'inévitable secousse était reçue et compensée élastiquement.

Si la puissance de la détente ne s'était révélée par le claquement sec de la corde qui rebondit vers sa position initiale et par la force de pénétration de la flèche, on ne l'aurait jamais soupçonnée derrière ce qu'on voyait. Chez le Maître du moins, le lâcher du coup paraissait chose aussi simple et aussi exempte de toute prétention que s'il se fût agi d'un simple jeu.

L'aisance avec laquelle s'exécute un acte de force est, sans aucun doute, un spectacle dont un homme d'Extrême-Orient apprécie et goûte particulièrement la beauté.

Le zen dans l'art chevaleresque du tir à l'arc,
traduit de l'allemand

Le *kyudo* ou Voie de l'Arc est un des arts martiaux les plus nobles du Japon. Pratiqué à cheval par les samouraïs, à partir de l'époque Meiji, les arts martiaux tombèrent en désuétude, puis en 1948, sous l'influence de la tradition du bouddhisme zen, le tir à l'arc ritualisé, investi d'une dimension symbolique et spirituelle, revient sur le devant de la scène.

La Voie de l'Arc devient un perfectionnement de l'individu. La cible n'est pas une fin en soi mais plutôt la conséquence d'un art parfait, d'un oubli de soi. Le « lâcher prise » est le secret de la parfaite trajectoire vers la cible, accompli avec naturel et élégance.

L'archer tient l'arc de la main gauche. Il ouvre l'arc au-dessus de sa tête puis amène sa main droite qui va alors tirer la corde. La courbe de l'arc au-dessous de la poignée est considérée comme dynamique et puissante, celle au-dessus est toute de délicatesse ; équilibre des contraires. Lâcher le coup de façon naturelle comme la masse de neige tombe de la feuille de bambou. C'est l'esprit qui guide la flèche.

VÉRONIQUE BRINDEAU

Modestie, élégance et discrétion

À elles seules, les mousses incarnent l'identité japonaise, modestie, élégance et discrétion et « ces petits rien qui deviennent tout » dit Véronique Brindeau dans ce recueil dédié aux mousses si discrètes que l'on serait prêt à les ignorer dans nos contrées. Puisque le jardinier n'a de cesse d'extirper ce minuscule végétal qui semble le gêner.

[C']est au Temple des mousses, à Kyôto, que l'on éprouve avec le plus d'étrangeté cette atmosphère de cathédrale engloutie et pourtant sereine. Comme si l'omniprésence du vert qui nimbe le sol et emporte le regard, dans le fondu miraculeux d'une somptuosité et d'un dépouillement, transformait l'espace tout entier par l'effet de quelque rémanence ; les sons eux-mêmes, comme atténués ou disparus, font apparaître plus dessinés et transparents qu'à l'habitude les chants d'oiseaux, les filets d'eau glissant vers l'étang et l'« île au brouillard » qui en forme le centre. Et si aucune image préalable ne vient à notre mémoire, c'est bien l'émerveillement devant la neige qui est le plus proche de ce que l'on éprouve alors, dans le silence qui se fait en nous et s'agrandit soudain, passé le seuil du jardin. Il y a bien en effet, dans le recouvrement parfait et pourtant nullement rigide mais au contraire délié de la terre ainsi escamotée par un flot d'émeraude, et l'émerveillement devant le monde ainsi transformé par une couleur, quelque chose d'une neige qui dépose dans les jardins de mousses.

Pluie d'averse
sans un bruit sur la mousse
me reviennent les choses du passé
Yosa Buson

Sans doute l'atmosphère silencieuse tient-elle d'abord à la sorte de prière initiale demandée au visiteur, car on n'accède pas au Temple des mousses par caprice et ce n'est qu'après avoir reçu la réponse à votre demande écrite, vous fixant rendez-vous quelques jours plus tard, que vous pourrez entreprendre le voyage, d'environ une heure et demie en autobus depuis la gare centrale de Kyôto aux confins de la ville. Pour commencer, tous les véhicules, voitures ou cars de tourisme doivent s'arrêter à bonne distance, et une marche à pied jusqu'au temple, premier palier de décompression, vous éloigne du temps ordinaire. Une fois le groupe autorisé à entrer — car on ne peut visiter seul, mais le temps de la solitude viendra à son heure —, on est admis dans une grande salle du temple, recouverte de tatamis. Il faut alors recopier un soutra, exercice spirituel destiné à se défaire, comme d'une poussière des chemins, des bruits du monde et de ses propres pensées. Telle une eau agitée et boueuse qui lentement décante, laissant apparaître en surface la transparence, votre esprit se dispose ainsi au jardin, en s'attachant à une activité le dissuadant de divaguer : exercice à la fois concret et spirituel, et d'une difficulté suffisante pour vous requérir tout entier. Après quoi il vous faudra encore tracer un vœu — destiné aux êtres chers ou à un cercle plus vaste de l'humanité, comme vous l'entendrez — sur une planchette de bois qui ira rejoindre celles de tous les autres visiteurs et sera brûlée à la fin de l'année.

Louange des mousses

Il existe dans la langue japonaise des centaines de termes pour évoquer les mousses : la mousse-cèdre, la mousse qui rampe, la soie bleutée, la mousse-pinceau, la grande ombelle, l'herbe du souvenir, la mousse-cigare, la mousse des sables, givre qui se dépose, robe de mousses, mousse d'argent, mousse-fleur, mousse lanterne, la mousse-phénix, pinceau du Yamato sans oublier la terre de rosée qui désigne le chemin menant au pavillon de thé.
Véronique Brindeau souligne cette aptitude des Japonais à amplifier le regard « dans une mince tige de mousse, un pinceau de calligraphie ou le panache d'un écureuil ».
« C'est au plus bas de la terre qu'on ouvre les yeux sur le monde, et les grands ciels ne sont pas seuls à faire rêver d'éternité. »
On marche sans les voir sur ces petites mousses qui sont partout ; on les croit disparues alors qu'elles ne sont qu'endormies jusqu'à ce qu'une ondée leur redonne vie.
Avec son livre *Parcours de mousses*, Tanaka Miho en est aussi une délicieuse porte-parole, elle est membre de la Confrérie des Chasseurs subtils et propriétaire de la Librairie des Insectes.

YASUNARI KAWABATA

Blanchir à la neige

Prix Nobel de littérature en 1968, Yasunari Kawabata entretenait une amitié littéraire avec Mishima dont le spectaculaire seppuku *en 1970 l'affecta profondément : deux années plus tard, c'est lui qui, plus discrètement, se donna la mort. Son roman* Pays de neige *narre une intrigue amoureuse entre un homme mûr de Tokyo et une geisha des montagnes du nord où la neige, plus qu'un décor, est à l'image de la pureté perdue. Son héros médite sur la durée éphémère des relations amoureuses qui n'ont pas même la durée d'existence qu'un bout de toile, et plus précisément de la toile de chanvre* Chijimi *qui n'existe que parce que la neige existe. Toute sa fabrication commence et s'achève dans la neige. C'est avec cette toile que sont confectionnés des kimonos qui peuvent avoir une durée de vie d'un demi-siècle.*

C'est dans la neige que le fil est filé, et dans la neige qu'il est tissé. C'est la neige qui lave et blanchit l'étoffe. Toute la fabrication commence et finit dans la neige. « La toile de Chijimi n'existe que parce que la neige existe : la neige, on peut le dire, est la mère du Chijimi », comme l'a écrit quelqu'un il y a très longtcmps.

Les mains des femmes, dans ce Pays de Neige, ne travaillent tout au long des mois lourdement enneigés de l'hiver, qu'à filer, tisser, transformer en étoffe légère le chanvre récolté dans les champs pentus de la montagne.

[...]

Aussi l'émulation était-elle vive entre ces filles, qui œuvraient avec autant d'ardeur que d'amour pendant les mois que la neige les tenait prisonnières, c'est-à-dire depuis le dixième mois, où l'on commençait le filage, jusqu'à la deuxième lune, avec laquelle devait être achevé le blanchiment sur les champs, les prés et les jardins encore couverts de neige.

Certains des kimonos de Shimamura étaient faits de l'étoffe tissée par ces mains féminines, probablement vers le milieu du siècle passé, et il avait lui-même conservé l'habitude de les envoyer « blanchir à la neige ». Bien que ce ne fût pas une mince affaire pour ces vêtures anciennes, que tant de peaux avaient portées déjà, il lui suffisait de songer au travail des jeunes filles de la montagne pour ressentir l'absolue nécessité de les faire néanmoins blanchir, comme le voulait la vraie tradition, dans le Pays de Neige, où la toile était née et où avaient vécu les virginales tisserandes. À la seule pensée de ce chanvre blanc, étendu sur la neige et se confondant avec elle pour rosir sous la lumière du soleil levant, Shimamura éprouvait si fort le sentiment d'une purification, que non seulement il était sûr que ses kimonos avaient laissé là-bas les miasmes et les macules de l'été, mais lui-même, lui semblait-il, s'en trouvait nettoyé. Il n'y avait peut-être là, pour tout dire, qu'un sentimentalisme mal fondé de sa part, étant donné qu'une blanchisserie spécialisée de Tokyo se chargeait de tout au départ, et qu'il n'était pas certain du tout que les kimonos fussent réellement blanchis « à la neige », à la vieille manière.

Ce blanchissage « à la neige », depuis des âges et des

âges déjà, était assuré par des spécialistes : les tisserands eux-mêmes ne s'en occupaient pas. On blanchissait à la fin du tissage le Chijimi blanc, par pièces entières, tandis que la toile avec des couleurs était traitée sur le cadre même, au fur et à mesure, en cours de fabrication. La meilleure saison pour ce faire tombait aux mois de la première et de la deuxième lunes. Prés et jardins, à cette époque très enneigés, se transformaient partout en ateliers de blanchiment.

On commençait par tremper le fil ou l'étoffe, toute une nuit, dans une eau de cendre. Lavé à grande eau le matin, bien essoré, on l'exposait alors tout le jour sur la neige, recommençant de même jour après jour. À la fin de l'opération, Shimamura l'avait lu récemment, quand la toile atteignait à la blancheur immaculée et recevait la caresse du soleil rouge du matin, le spectacle dépassait toute description. « Les habitants des provinces méridionales, ajoutait le vieil auteur, devraient tous aller le voir. » Et lorsque la blancheur arrivait à perfection, le printemps arrivait aussi : c'était le signe propre du printemps dans le Pays de Neige.

Pays de neige,
traduit du japonais par Bunkichi Fujimori
Texte français par Armel Guerne

ALAN MAC FARLANE

Rumeur d'anges

Alan Mac Farlane est anthropologue. Il nous mène par des chemins de traverse dans ce pays qui fascine et intrigue. Les Japonais se déclarent non religieux, pourtant le sacré existe dans leur quotidien qu'ils partagent avec 800 myriades de kamis (chiffre de l'infinité). En descendant sur terre pour insuffler la vie, les kamis *ont créé l'archipel japonais. Le shintoïsme repose sur le respect des kamis, ces esprits divins, ancêtres, héros divinisés réincarnés dans des objets ou végétaux et êtres humains à la fois mânes et dieux.*

Je pense avoir commis l'erreur, notamment, de croire que les *kami*, pareils aux fées qui s'immiscent dans le monde des humains, ressemblaient aux esprits occidentaux. C'est faux. Les *kami* sont des forces, des puissances. Ils sont dans l'éclair ou les tremblements de terre, dans les éruptions de la nature sur les humains, mais absolument pas de la même manière que les petits dieux, les elfes ou autres entités à forme humaine. Voilà qui résout un paradoxe ; ils existent hors de la dimension perceptible de la vie, mais pas dans un monde surnaturel. En décrivant les *kami* sous la forme abstraite de lumières dansantes dans *Princesse Mononoke*, Miyazaki a parfaitement saisi leur nature.

Les *kami* n'ont donc ni intentions ni moralité, et

aucun rapport avec l'éthique ou le comportement humains. Ils appartiennent simplement au monde étrange et imprévisible dans lequel les humains vivent sans le comprendre. Leur forme et leur nature aident probablement à expliquer comment et pourquoi ils ont réussi à survivre à la sécularisation. On les classe à tort dans la catégorie occidentale de la religion ou de la spiritualité. Kenichi s'est interrogé sur une parenté possible avec le concept occidental du « sublime », mais ce n'est pas cela non plus. Ils sont l'*outré* d'Edgar Allan Poe, et ne se fondent dans aucune catégorie.

Science et rationalité passent sans les voir, puisqu'ils ne sont pas sur le même plan. On ne peut pas plus les nier qu'on ne peut nier l'arc-en-ciel. Ils existent, et font des intrusions constantes dans notre monde. Curieuse synthèse entre le chamanisme du Nord et le *tabu* du Pacifique, ils constituent une catégorie à part.

Le phénomène le plus proche des *kami* est celui des ondes radio ou de l'électricité. Nous savons qu'elles existent et nous avons appris à les capturer pour notre usage, mais elles ne sont visibles que pour des appareils de mesure spéciaux. Les *kami* sont comme un gigantesque champ de force électrique dont les « foyers » temporaires sont les étagères et les sanctuaires qui émaillent le Japon et auxquels les Japonais accordent une attention inquiète tout en proclamant haut et fort leur incroyance. Les enfants peuvent les voir et les décrire, mais ils sont pour la plupart des gens une simple « rumeur d'anges », un récit de quelque chose de bizarre, d'inadéquat, de puissant et de dérangeant.

Les Japonais marchent non seulement dans un champ de mines social où ils doivent consacrer beaucoup d'énergie à apaiser les relations avec les autres humains, mais aussi dans un champ de mines magique, où une légion de forces hautement volatiles risque d'exploser au moindre contact. Il est très difficile de comprendre cela dans un contexte chrétien monothéiste, puisque nos distinctions entre naturel et surnaturel, esprit et matière, humain et divin ne s'appliquent pas.

Énigmatique Japon,
traduit de l'anglais par Geneviève Brzustowski
© Éditions Autrement, 2009

Le mot *kami* désigne tout ce qui en ce monde possède une vertu étrange et mystérieuse. Ainsi Paul Claudel évoque « la sensation d'une présence autour de nous qui exige la cérémonie et la précaution », d'où une multiplicité de sanctuaires et de rituels scellant une véritable union entre sacré et profane. Le shinto est une religion japonaise sans fondateur, sans doctrine, ni préceptes ni commandements où l'éthique et l'esthétique sont étroitement liées. Seule règle, le profond respect dû à la nature dont l'homme n'est qu'un infime élément.

ZEAMI

Oubliez le théâtre et regardez le Nô

Acteur, auteur, compositeur, danseur et théoricien, Zeami a, en un recueil de 16 opuscules où sont consignés sous forme d'un poème en prose tous les traits du théâtre Nô, fixé les règles de ce genre dramatique à la fin du XIVe siècle. La forme traditionnelle du Nô allie chroniques en vers et pantomimes dansées. Osons parler d'une sorte de théâtre musical ou drame lyrique. Une journée de Nô dure environ 10 heures et Marguerite Yourcenar, pourtant fervente adepte de ce théâtre, admet s'être parfois laissée aller à la somnolence, tout comme d'ailleurs Nicolas Bouvier, qui confie : « Pas besoin d'être grand clerc pour être ému et ravi par le Nô. Deux choses cependant : savoir qu'il est plus lent que tout ce que le mot lent suggère. »

À mouvement puissant du corps, appel du pied modéré ; à puissant appel du pied, mouvement modéré du corps

Ici, il s'agit encore d'une idée voisine de celle [du mouvement] de l'esprit aux dix dixièmes évoquée ci-dessus. Si votre corps et vos pieds se meuvent de la même façon, vous paraissez *rude*. Si, au moment où vous employez votre corps, vous dérobez vos *[appels du] pied*, vous paraissez violent et pourtant vous n'êtes pas *rude*. Si, au moment d'un *puissant appel du pied,* vous mouvez votre corps posément, le bruit que fait votre pied sonne haut, et pourtant, parce que votre corps se meut posément, vous ne paraissez point *rude*. Le fait, en effet, que l'effet visuel et l'effet auditif diffèrent de nature, crée une harmonie [imprévue] des deux éléments et [le spectateur] éprouve un sentiment d'*intérêt.* En principe, l'étude des *appels du pied,* ce n'est pas dans la danse qu'il faut la faire. C'est ailleurs, dans le *hataraki* ou la *mimique,* qu'il convient de les étudier.

D'abord faire entendre, faire voir ensuite

Dans toute *mimique,* la *manière* est l'interprétation d'un texte par le geste. Or, il arrive que l'interprétation [par le geste] coïncide avec le texte, mieux, que l'*allure* devance la parole. Audition et vision se trouvent interverties. Si l'on fait précéder ce que saisit l'oreille du public, et que l'on interprète [donc] de façon à retarder légèrement l'*allure*, à l'instant précis où, à l'impression auditive se substitue la vision, naît le sentiment que l'interprétation est parfaite. Prenons, par exemple, l'action de « pleurer » : si, après avoir fait entendre au public le mot « pleurer », vous portez votre manche devant le visage de telle sorte que vous soyez légèrement en retard sur ce mot, vous restez sur une *allure.* Si, avant même que [le public] ait perçu distinctement le mot « pleurer », vous portez votre manche devant le visage, la parole se prolonge au-delà [du geste] et par conséquent, vous restez sur une parole. Dans ces conditions, l'*allure* s'achevant la première, vous offrez un spectacle aberrant. Ainsi donc, parce qu'il convient de rester sur une *allure,* il est dit : « D'abord faites entendre, faites voir ensuite ».

La tradition secrète du nô,
traduction de René Sieffert

Sur une scène rappelant l'architecture shintoïste et dans un décor dépouillé, la musique ascétique s'accorde parfaitement à l'économie des mouvements de l'acteur. Il existe 138 masques différents et chaque geste est stylisé, codifié, autant que la parole semble chantée.
Le Nô est un art exquis du silence et de l'immobilité tout en étant chargé d'un sens qui vise à un certain état d'éveil et en appelle à l'imaginaire du spectateur.
Zeami impose l'élégance tranquille, le *yugen*, comme l'idéal du Nô. Il s'agit d'obtenir des effets grâce à un système de gestes symboliques qui sont allusions et suggestions. Incliner la tête sur la manche droite du kimono vaut pleurs et gémissements ; un léger attouchement des manches exprime la plénitude d'un grand amour. Un accessoire de forme ovale représente un bateau ; un podium un rocher ; quelques branches, toute une forêt. Les personnages passent sur la scène à pas glissés, semblables à des ombres et leur aspect humain semble fugitif et éphémère.

MAN.YOSHU

Le saké, nectar des kamis

Sachant qu'en japonais « Man *», c'est-à-dire « dix mille », désigne ce qui est innombrable, l'on ne s'attardera pas à compter les poèmes compilés au* VIIIe *siècle dans le* Man. Yoshu, *littéralement « Recueil de 10.000 feuilles ». Il s'agit, après le* Kojiki, *du premier texte écrit en japonais selon un système consistant à représenter chacun des sons de la langue japonaise par un caractère chinois considéré comme ayant une prononciation ressemblante. Le système a ses limites tant sont approximatifs les rapprochements entre les sons d'une langue tonale telle que le chinois et ceux de la langue atonale qu'est le japonais. Aussi subsistent dans ce texte des caractères chinois pris pour leur valeur sémantique et non phonétique. Pressentant sa mort prochaine, le Gouverneur Général de Dazaïenvisage décide de revoir une dernière fois le pays de sa jeunesse et son « petit ruisseau de Kisa ». Il rédige alors treize poèmes qui font l'éloge du saké.*

Si pensers moroses
inutilement broyez
mieux vaudrait ce semble
vider une pleine coupe
de *saké* non clarifié

Celui qui nomma
le *saké* sage liqueur
il a bien parlé
ce grand sage
du temps d'autrefois

Ce que les sept
hommes les plus avisés
du temps d'autrefois
eux aussi ont désiré
c'était le *saké* ce semble

Infiniment plus
que discourir d'un air sagace
boire du *saké*
et pleurer dans son ivresse
est préférable ce semble

Au-delà de tout
ce que je puis dire ni faire
la chose de loin
la plus digne de respect
c'est le *saké* ce me semble

Que si pleinement
je ne pouvais être homme
jarre à *saké*
je souhaite devenir
pour me gorger de *saké*

Ah qu'il est hideux
celui qui d'un air sagace

ne boit de *saké*
car tout bien considéré
c'est au singe qu'il ressemble

Fût-ce le trésor
le plus inestimable
comment pourrait-il
mieux valoir qu'une coupe
de *saké* non clarifié

Fût-ce un joyau
qui la nuit resplendit
comment pourrait-il
égaler le *saké* bu
pour chasser les idées noires

En ce bas monde
sur la voie des plaisirs
la plus pure joie
semble bien devoir être
de pleurer dans son ivresse

Si en cette vie
du moins j'ai connu la joie
en la vie prochaine
peu me chaut que je devinsse
bestiole ou bien oiseau

Puisqu'hommes vivants
pour finir sont destinés
à mourir pour sûr
tant que serai de ce monde
je veux vivre dans la joie

Rester silencieux
en prenant des airs sagaces
certes ne vaut point
boire du *saké* et puis
pleurer dans son ivresse

Man.Yoshu,
traduction de René Sieffert
© René Sieffert

Dans le Shintô, le saké tient un rôle central, comme il en est du thé dans le bouddhisme. Introduit au Japon à l'époque Nara (710-719) sa fabrication était alors quasi religieuse. Les grands sanctuaires avaient leurs propres lieux de fabrication et leurs rizières sacrées. Lors des cérémonies, c'est le saké qui est servi comme offrande aux divinités, connectant le monde des humains aux dieux. C'est le saké qui scande les fêtes de passage, et les changements de saisons. Pour sceller un mariage on échange trois fois trois coupes de saké.
Cette boisson alcoolisée, sorte de « bière de riz » est obtenue par l'alliance du riz et de l'eau, deux éléments identitaires du Japon. Mais précisément, la parenté du riz et de l'eau exclut de les consommer simultanément. Dans un repas traditionnel, nous rappelle Naomichi Ishige, le saké est servi accompagné de plats, mais il n'est plus question de reprendre son bol à saké lorsqu'arrive le riz avec ses accompagnements. Il se peut, pourtant, que des films tels que *Le goût du saké*, nous aient montré des exemples de transgression de ces règles traditionnelles.

YUKIO MISHIMA

Le kendo, comme une collision entre deux navires

Le kendo, littéralement « voie du sabre », n'est ni un art de combat ni un sport mais plutôt un enseignement dont les racines viennent d'un Japon féodal. Il s'agit de se discipliner soi-même pour vaincre un adversaire, de s'accorder hypnotiquement à son rythme pour, soudainement, le rompre et lancer l'assaut d'un cri puissant et sonore : le kiai. *Un mouvement efficace et précis est un beau mouvement et l'étiquette qui accompagne cette violence est le moyen de revenir à l'humanité.*

Il fit un pas en avant pour sortir de la surface ombrée par le dais et sa cuirasse noire se lustra sous le ciel limpide.

Son adversaire recula d'un pas. Le bleu de sa tunique de kendo et de son *hakama* était passé et inégal au sortir de nombreuses lessives, là surtout où le frottement des lanières qui tenaient sa cuirasse contre son dos avait fini par dessiner un x tout usé. Une flamme rouge brillante y était attachée.

Le jeune Iinuma avançant d'un nouveau pas, Honda, ses yeux s'accoutumant à l'action, reconnut la tension nerveuse menaçante qui émanait de la position de ses gants. L'avant-bras qu'on voyait entre les manchettes évasées des gants et les manches de sa tunique montrait une épaisseur inattendue chez ce tout jeune homme, les muscles se tendant sous la peau légère à la face interne des bras. Le cuir blanc de la paume des gants s'ombrait de la nuance bleuâtre que reflétaient leurs dos noirs, teinte lyrique comme un ciel d'aurore.

Les bouts des deux bâtons se déplaçaient ensemble prudemment, comme le nez de deux chiens qui se font face avec circonspection.

— « Aïe-yâh ! cria son adversaire avec furie.

— Aïe-rri-yâh, aïe-rri-yâh, aïe-rri-yâh ! » cria à son tour le jeune Iinuma, d'une voix sonore.

Il fit faire un quart de cercle à droite à son bâton pour parer le coup droit que l'autre dirigeait contre sa ceinture et il y eut un craquement comme d'un pétard qui éclate. Alors, ils se rapprochèrent dans un corps à corps jusqu'à se bloquer les bras qui tenaient le sabre. L'arbitre les sépara.

Au signal que fit ce dernier pour la reprise du combat, le jeune Iinuma, sans reprendre haleine, s'élança contre son adversaire comme un noir ouragan, lui assenant une attaque combinée en direction de la tête. Les coups tombaient, vigoureux et précis, chacun d'eux plus intense. L'effet d'ensemble en était si accablant que l'autre garçon, après avoir paré de droite et de gauche pour écarter le premier puis le second coup, parut s'offrir volontairement au troisième qui s'aplatit en plein sur son masque. Les deux arbitres brandirent en même temps leurs petits fanions blancs triangulaires.

Le jeune athlète avait donc éliminé son deuxième adversaire et cette fois, des cris d'appréciation se mêlèrent aux applaudissements du public.

[...]

Bien qu'il ignorât presque tout du kendo, Honda se rendait compte que chez cet adolescent il y avait comme un ressort enroulé d'où émanaient de sombres rougeoiements. Son cœur vigoureux se manifestait sans le moindre désordre et, en dépit de toute résistance, créait un vide de la volonté chez l'adversaire, fût-ce pour un instant. Et il en résultait habituellement que, de même que l'air est attiré par le vide, ce point faible de son antagoniste attirait le bâton d'Iinuma. Porté dans une forme parfaite, ce coup, pensa Honda, pénétrerait sans nul doute la garde de tout adversaire aussi aisément qu'on peut entrer par une porte dont on n'a pas tourné la clé.

Le troisième équipier des Rouges fit face au jeune Iinuma, s'avançant en zigzag, comme à contrecœur. Le bord de sa serviette qui lui barrait le front, maintenue par son masque, était arrangé à la diable. Au lieu de dessiner une ligne blanche juste au travers du front, un de ses bords pendait, allant presque toucher l'œil droit. Il voûtait légèrement les épaules comme une espèce d'oiseau bizarre, excentrique.

Pourtant, c'était là quelqu'un avec qui il fallait compter. Chaque fois que son bâton s'abaissait ou se levait, on sentait qu'on avait affaire à un concurrent dur et malin. Tel l'oiseau qui, après avoir attrapé l'appât, file d'un trait se mettre en sûreté, cet adversaire-ci visait de loin l'avant-bras, réussissait son coup presque toujours avant de se retirer prestement en criant victoire. Dans la défense, il n'hésitait pas à user de n'importe quelle tactique, si peu élégante qu'elle fût.

Confronté à pareil adversaire, la grâce même du jeune Iinuma, comme celle du cygne glissant sans crainte au fil de l'eau, apparaissait vulnérable. Cette fois, beauté et adresse semblaient devoir causer sa perte.

Son antagoniste rompait le rythme du mouvement et de l'attaque en se dérobant constamment. Il prétendait lui communiquer sa propre gaucherie, son comportement anarchique.

[...]

Levant les yeux, Honda vit que les deux arbitres agitaient des fanions croisés.

« Ç'a été de la chance, dit le prêtre. Un peu plus, il était frappé sur le gant. »

Le jeune Iinuma essayait de trouver comment poursuivre un adversaire qui se tenait à pareille distance. S'il faisait un pas en avant, l'autre reculait. La défense de cet antagoniste était redoutable. Il se protégeait astucieusement, comme une algue qui s'agglutine.

Soudain, alors qu'Iinuma se portait à l'attaque avec un cri sauvage, l'autre contra le coup d'un air moqueur et tous deux en vinrent aux prises. Leurs deux bâtons pointaient presque à la verticale, frémissant légèrement, comme les mâts de deux navires côte à côte, et leurs cuirasses luisaient telles des coques mouillées.

Tout antagonistes qu'ils fussent, leurs bâtons étaient à présent engagés l'un contre l'autre, comme unis dans une révérence commune envers un ciel qui n'offrait aucune espérance. L'haleine rauque, la sueur, les muscles tendus, la puissance de leur affrontement qui se comprimait en déception ardente… Telles étaient les composantes de leur symétrie immobile.

À l'instant où l'arbitre allait leur crier de mettre fin à

cet épisode, le jeune Iinuma, utilisant la force que son adversaire rassemblait contre lui, se libéra brusquement d'un saut rapide en arrière accompagné du claquement de son bâton portant un coup au but. Il avait frappé à la poitrine de l'autre tout en se retirant.

Chevaux échappés,
traduit de l'anglais par Tanguy Kenec'hdu

Fervent défenseur des valeurs impériales, Mishima se proclame le dernier des samouraïs. Le 25 novembre 1970, il met sous enveloppe, à destination de son éditeur, le dernier tome de sa tétralogie romanesque, *la Mer de la Fertilité,* sorte de « testament littéraire » ou autobiographie posthume qui couvre l'histoire du Japon sur quatre générations. Puis, avec le groupe paramilitaire qu'il avait constitué et dont il avait dessiné les uniformes, il se rend maître de l'État-major des forces d'autodéfense japonaises et en harangue les troupes, mais en vain. Il se donne alors la mort par seppuku selon l'idéal bushido, code d'honneur des samouraïs. Le bushido emprunte au bouddhisme l'endurance stoïque et le mépris de la mort, au shintoïsme le culte de l'empereur et de la patrie, au confucianisme la morale sociale. Avec la disparition de la caste des samouraïs à l'ère Meiji, le kendo devient le symbole et le ferment du nationalisme tant il est vrai que le sabre incarne l'esprit japonais même si, pour en pratiquer l'entraînement, la lame est en bambou.
La défaite japonaise en 1945 avait porté un coup sévère aux arts martiaux, l'occupant américain ayant interdit ces pratiques qui avaient nourri les sentiments nationalistes et bellicistes.

LE DIT DES HEIKÉ

La flèche et l'éventail

Le Heike monogatari *raconte la guerre de Genpei qui, à la fin du* XIIe *siècle, opposa le clan des Taïra (ou Heiké) à celui des Minamoto (ou Genji). En 1184, elle avait fini par tourner à la défaveur des Taïra qui s'étaient alors réfugiés à l'extrémité Nord Est de l'Île de Shikoku, dans l'îlot volcanique de Yashima. Les Minamoto les y attaquent le 22 mars 1185. Pour les narguer, les Taïra chargent une belle jeune fille de brandir à la proue d'un de leurs bateaux un éventail, rouge comme leur emblème en forme de papillon, mettant ainsi leurs adversaires au défi de l'abattre. C'est à un jeune guerrier, Yo.ichi, qu'est imparti de relever ce défi.*

[...] Yo.ichi, estimant sans doute qu'il serait inopportun de refuser derechef : « Je ne sais si je ne manquerai le but, mais puisque vous l'ordonnez je le ferai ! » dit-il, et il se retira ; il montait un cheval robuste et trapu, aux harnais ornés de pompons, sur une selle incrustée de nacre formant un dessin de gui. Il assura l'arc dans sa main, donna de la bride, et quand il se dirigea vers le rivage, les guerriers de son parti le regardaient s'éloigner : « Ce jeune homme certainement réussira ! » disaient-ils, et le Prévôt de même l'observait avec confiance.

Comme la distance était un peu grande, il s'avança dans la mer de six brasses à peu près, mais l'éventail paraissait encore à cinquante brasses pour la moins. C'était le dix-huit de la seconde lune, environ l'heure de l'Oiseau, le vent soufflait du nord avec violence et les vagues qui battaient la grève étaient hautes. Et comme la barque dansait sur les flots, tantôt à la crête, tantôt dans le creux d'une vague, l'éventail lui non plus ne restait immobile au bout de la perche. Au large, les Heiké, de leurs navires rangés sur une ligne, observaient la scène. Sur la terre ferme les Genji, les mors de leurs chevaux alignés, regardaient de même. Ce qui n'allait pas sans une certaine solennité de part et d'autre. Yo.ichi ferma les yeux : « Ô Hachiman-daïbosatsu, et vous dieux de ma province, gongen de Nikkô, dieu d'Utsunomiya, grand dieu de Nasu no Yûzen, faites en sorte, je vous en conjure, que ma flèche touche cet éventail en plein milieu ! Si je devais manquer le but, je suis résolu à briser mon arc, à mettre fin à mes jours, car jamais plus je n'oserais affronter le regard des hommes. Si vous voulez qu'un jour je regagne ma province, faites que cette flèche ne dévie ! » Voilà la prière qu'il fit du fond de son cœur, et lorsqu'il rouvrit les yeux, le vent avait légèrement faibli, et l'éventail paraissait offrir une cible meilleure. Yo.ichi encocha une flèche à sifflet, tendit son arc, et la décocha. Comme il convient à un homme de petite taille, c'était une flèche de douze largeurs de main et trois doigts, mais l'arc était puissant et le sifflet résonna longuement sur le rivage ; la flèche brisa l'éventail à un pouce du rivet. La flèche à sifflet tomba à la mer, tandis que l'éventail s'élevait dans les airs. Un instant il étincela dans le ciel, tournoya une ou deux fois au vent du printemps, puis retomba à la mer. Dans l'éclat du soleil couchant, l'image du soleil d'or sur le fond rouge de l'éventail étincela sur les blanches vagues, et tandis qu'il se balançait, tantôt émergeant, tantôt disparaissant, au large les Heiké applaudissaient en frappant le bordage, sur la terre ferme les Genji poussaient des cris de joie en frappant les carquois.

Le Dit des Heiké,
présenté et traduit du japonais par René Sieffert

PHILIPPE FOREST

Tempête de fleurs

« Ce pays fut pour moi le lieu d'un dégagement rêvé. » dit Philippe Forest du Japon. Il y partage avec le poète Kobayashi Issa et l'écrivain Natsumé Soseki la souffrance de la perte d'un enfant et, avec le photographe Yamahata Yosuke, compatit à la douleur des victimes de la guerre nucléaire.

[Une] tradition bien japonaise, celle qui, au moment de la floraison des cerisiers, pousse les gens par millions vers les jardins pour y admirer le soudain flamboiement blanc sur les branches qui, l'espace de quelques jours, jusqu'à ce que les pétales tombent à terre, colore tout le paysage des villes de cette couleur blanche qui, au Japon, est aussi celle du deuil. C'est comme un mercredi des cendres un peu plus gai. Poussière, tu retourneras en poussière. Pétale, tu redeviendras pétale. On s'allonge sous les arbres dès le milieu de l'après-midi et l'on médite sur l'impermanence des phénomènes, la brièveté de la vie humaine, la fugacité des choses. La lune se lève et ajoute sa propre pâleur à la douceur du monde. La mélancolie même devient prétexte à faire la fête. On chante ou bien l'on récite des poèmes, on boit de la bière et du saké et, souvent, on finit par s'endormir complètement soûl, dans l'extase de l'ivresse, sur l'herbe.

Mais cette année-là, tous les cerisiers avaient soudainement fleuri un peu plus tôt que d'ordinaire. Alors, un vent froid s'était mis à souffler sur la ville. La neige était tombée tout à coup et, partout dans les jardins, le blanc des flocons s'était ajouté à celui des fleurs. Cela faisait sur le sol une mince et fondante couche de blanc où, sous la semelle, les cristaux se mêlaient aux pétales. Depuis plusieurs dizaines d'années, le phénomène ne s'était pas produit. Pendant les quelques heures qu'a duré ce mirage météorologique, on ne parlait que du caractère exceptionnel de la fête. Une grande foule s'était répandue dans les parcs pour jouir du moment. La neige unissait son symbole à la fleur pour dire deux fois à quel point le monde où nous vivons est éphémère et ce qu'il y a de splendeur dans l'évanouissement même des choses que nous aimons.

Sarinagara

Nous aimons les fleurs de cerisiers
Dans ce monde évanescent,
Qu'existe-t-il qui ne soit éphémère
Les Contes d'Isé Xème

Ce haïku de Kobayashi Issa illustre bien le message d'apaisement que Philippe Forest nous donne dans ce beau livre : « Je savais ce monde éphémère comme rosée et pourtant et pourtant ». *Sarinagara,* c'est-à-dire « pourtant » en japonais, est précisément le titre que Philippe Forest a donné à son livre.
Le hanami ou « vision des fleurs » est la fête la plus attendue au Japon. Les cerisiers en fleurs sont les mes-

sagers du printemps. Dès qu'apparaissent les fleurs sur les sakura (cerisiers) alors on plante le riz. Il y aurait, du nord au sud du Japon plus d'un million de cerisiers, véritable casse-tête pour les télévisions et radios chargées d'informer quotidiennement la population de la progression du « front des cerisiers ». Il y a trois temps forts dans cet événement : l'apparition des fleurs *kaika*; le pic de floraison *mankai*; et le moment tant attendu de la chute ou tempête de fleurs *fubuki,* symbole de la beauté éphémère et métaphore de la vie lumineuse, si belle et pourtant passagère. Les Japonais se rassemblent alors pour partager l'émotion qui étreint le cœur. Vivre malgré tout : « Être rien qu'en vie / à l'ombre des cerisiers / cela est miracle » écrit Issa.

DAME MURASAKI SHIKIBU

Les lucioles, forêt de lumières

Genji est assurément un grand séducteur et le roman de dame Murasaki Shikibu relate ses nombreuses conquêtes. De ces femmes, nous saurons peu de choses sinon « le port de tête et le front d'un dessin très net, le regard, la bouche d'un charme prenant [qui] lui composaient une beauté éclatante » ou même simplement des généralités évoquant « la netteté du profil », « la finesse du grain de la peau » ou bien « des traits d'une extrême délicatesse ». Leur charme s'apprécie essentiellement à la mesure des poèmes qu'elles savent rédiger avec à propos pour répondre aux invites ou rebuffades dont elles font l'objet, à l'élégance de leur graphie « d'une écriture sans recherche mais adroite » ou « d'une suprême distinction », ainsi qu'au choix judicieux du papier sur lequel elles les écrivent. Si elles se montrent dépourvues de pruderie, c'est en se tenant cachées derrière des stores qu'elles manifestent leur haute distinction, leur élégance et leur raffinement. À travers leurs interstices, on peut tenter de les observer, ou bien grâce au stratagème qui vaut son titre au chapitre qui fournit cet extrait : Les lucioles.

Passée la nouvelle lune, dans la lueur indécise du ciel obscurci de nuages, les gestes mesurés du Prince avaient une grâce singulière. Du dedans, le vent lui apportait un parfum subtil, auquel se mêlait un autre plus puissant, de sorte que l'air était imprégné de senteurs ; tout cela qui était infiniment plus plaisant qu'il ne l'avait prévu, le tenait sous le charme. Il se mit à parler, et le discours par lequel il déclara l'étendue de sa flamme fut réfléchi, sans trace de libertinage, bref d'une parfaite distinction. Le Ministre qui tendait l'oreille, le jugea fort bien dit. La demoiselle s'était retirée dans la pièce qui donnait à l'est, et comme la dame Saïshô entrait en glissant sur les genoux pour transmettre le message, il s'approcha :

— C'est le traiter d'une façon par trop désinvolte ! En toutes choses, il faut savoir s'adapter aux circonstances ! Vous n'êtes plus d'âge à vous permettre ces caprices d'enfant gâtée ! Il est parfaitement inconvenant de tenir à distance quelqu'un comme ce Prince, et de s'entretenir avec lui par le truchement d'un tiers. Enfin, soit ! Même s'il vous en coûte de lui parler, allez donc au moins vous mettre un peu plus près !

Ainsi l'exhortait-il, et elle était embarrassée, car il semblait d'humeur à saisir le prétexte pour entrer chez elle, aussi, bon gré mal gré, se glissa-t-elle dehors, pour aller s'étendre derrière un rideau-écran dressé à la lisière du bâtiment principal. Le Prince lui tint de longs discours à propos de choses et d'autres, mais, distraite, elle ne daignait y répondre ; le Ministre alors s'approcha et releva l'un des pans du rideau ; au même instant une lueur se répandit. Avait-on allumé une torche ? se demanda-t-elle, atterrée.

Or c'était des lucioles qu'il avait, ce soir-là, enfermées en grand nombre dans l'étoffe mince, en la repliant de façon à en dissimuler les feux, et qu'il venait, sans en avoir l'air, de relâcher en feignant d'arranger le rideau. Confuse de se voir ainsi subitement exposée à la lumière, elle s'était caché le visage de son éventail, offrant à la vue un profil d'une grâce exquise. Profitant de la surprise de cette illumination, le Prince avait dû lui aussi jeter un coup d'œil; or, toutes ses déclarations, il les avait jusque-là sans doute faites de confiance, croyant qu'elle était la fille du Ministre; il n'avait certainement pas imaginé qu'elle fût si merveilleusement belle; bref, toute cette machination était destinée à jeter le trouble dans un esprit prêt à s'enflammer. Mais si elle avait été réellement sa propre fille, le Ministre ne l'eût certes point mise dans un pareil embarras. L'étrange détour qu'il prenait là! Cela fait, il se glissa dehors sans bruit par l'autre côté et s'en retourna chez lui.

Le Prince avait évalué la distance qui la séparait de lui, et la sachant toute proche, le cœur battant, il regardait par l'interstice entre les pans du léger rideau; l'espace qui s'offrait à sa vue était, sur une profondeur de deux toises environ, vaguement éclairé par cette lueur inespérée qui lui révélait un plaisant spectacle. L'instant d'après, les femmes s'évertuaient à rétablir l'obscurité qui la lui cachait. L'indistincte lueur cependant semblait devoir lui fournir un brillant sujet de conversation. De la svelte forme allongée, encore qu'à peine entr'aperçue, il ne se lassait d'évoquer la beauté; en vérité, comme le Ministre l'avait prévu, son cœur était pris!

Le dit du Genji
traduction par René Sieffert

> Écrit par une dame de la Cour de Héian dans l'actuelle Kyoto au cours des quelques années qui ont précédé et suivi l'an mille, le «dit du Genji» qui, sur plusieurs milliers de pages met en scène près de deux cents per-

sonnages, est probablement le premier roman de l'histoire mondiale de la littérature. Il est bien évidemment au Japon l'objet d'un respect et d'une admiration sans égale, même s'il y est aussi devenu un objet touristique tel que, dans le temple d'Ishiyama au bord du lac Biwa, cet encrier que des bonzes présentent comme celui de dame Murasaki Shikibu. Devant le lecteur se déploient les impitoyables intrigues de la cour de Héian, de somptueuses descriptions de fêtes et cérémonies, des notations psychologiques d'une incroyable acuité, une précise documentation sur les usages et le protocole de la cour impériale, et derrière les tentures de soie il percevra les murmures, les pas qui glissent et même le crissement du « parquet chantant ».

Quant aux lucioles qui interviennent dans l'extrait ci-dessus, il n'est pour se rendre compte de l'affection que leur portent les Japonais, que d'entendre leurs cris de ravissement devant le spectacle de ces petits insectes qui s'éveillent et virevoltent dans la nuit, s'évanouissent et soudain reviennent un peu plus loin.

La saison tant attendue se déroule de la fin du mois de mai jusqu'à celle du mois de juin. La presse mentionne les endroits où nos lucioles seront à la fête. Tout comme les fleurs de cerisiers, les lucioles et les changements de saison incarnent le côté éphémère de l'existence humaine. Il se dit qu'étymologiquement l'idéogramme *hotaru* qui désigne la luciole aurait été composé d'étoile et gouttelette.

URABE KENKÔ

La perfection est un défaut

Fin lettré, philosophe, musicien, calligraphe, archer, cavalier émérite, fonctionnaire auprès de l'Empereur, Urabe Kenkô, se retire du monde à trente-cinq ans pour devenir moine. Dans son ermitage, il goûte la frugalité, s'adonne à la contemplation du monde et rédige deux cent quarante-trois courts essais dans le genre zuihitsu, *passant d'un sujet à l'autre au fil du pinceau. On dit de lui qu'il est un Montaigne oriental. Notre moine bouddhiste évoque tout aussi bien les croyances, la famille, l'amour, la maison, la nature, la vie en société, mais sa pensée reste toujours nimbée du caractère transitoire de la vie et du* wabi-sabi *essence même de l'esthétique japonaise.*

« Ce qui est ennuyeux, disait quelqu'un, c'est que la reliure en fine étoffe de soie s'abîme vite. — Mais non ! répondit Tonna, ces étoffes prennent plus de charme lorsque le haut et le bas de la reliure sont usés. Il en est de même des rouleaux incrustés de nacre ; c'est après que les paillettes sont tombées qu'ils me plaisent davantage. » Pour cette parole, j'ai donné plus d'estime encore à Tonna. Quelqu'un trouvait choquant de voir des collections complètes de livres ou de rouleaux montées de manière disparate. L'archidiacre Kôyû répondit à ce propos : « C'est un signe de vulgarité de présenter une collection de manière identique. Il est bon de garder la variété. » Remarques excellentes.

Quelque soit l'objet, sa perfection est un défaut. Laissez les choses inachevées, comme elles sont, sans fignoler, j'y trouverai de l'intérêt et je me sentirai à l'aise. On me l'a dit : Quand on construit une demeure impériale, il est coutume de laisser un endroit inachevé. Dans les textes religieux, bouddhiques ou autres, écrits par les sages de jadis, n'est-il pas vrai qu'on trouve des exemples de chapitres qui manquent ?

Les heures oisives,
traduction de Charles Grobois et Tomiko Yoshida

Selon Alain Delay, le wabi est « le raffinement dans la simplicité, l'élégance rustique, la noblesse sans sophistication, la beauté réduite à sa simplicité essentielle » : l'exemple parfait de ce qui fait la culture japonaise, toute de discrétion et modestie. L'acceptation et la jouissance de l'effet du temps qui altère toute chose et la patine nourrissent le sentiment du sabi d'où émane sérénité et douce mélancolie. La conscience des cycles naturels permet d'apprécier la beauté de ce qui est usé et imparfait et qui peut surgir de la laideur en de discrets et mineurs détails.

SEI SHONAGON

Jouissance de l'éphémère

Sei Shonagon fut dame d'honneur de l'Impératrice Teishi au début du XIe *siècle. À l'impératrice qui lui montra un jour une grosse liasse de papiers en lui demandant ce qu'il faudrait en faire, elle répondit qu'elle en ferait un* makura, *soit ce qu'on traduit généralement par* « oreiller », *mais dont il convient de se souvenir qu'il n'était qu'un support en bois de la nuque des élégantes qui pouvaient ainsi dormir sans compromettre l'ordonnancement de leur coiffure. Notre dame en fera bon usage car elle va y rédiger ses notes intimes « en laissant aller son pinceau » sous forme d'esquisses, y raconter les grands événements de la Cour, ceux du quotidien qui l'ont émue, charmée ou exaspérée, faire des remarques personnelles, émettre des critiques sur ses contemporains. S'il existe au Japon une tradition littéraire des listes, Sei Shonagon nous rappelle mieux que d'autres la manière si japonaise d'approcher le monde, avec une délicate attention à tous les détails de la vie. Ses notes nous rendent présent ce passé d'un autre millénaire.*

Au printemps, c'est l'aurore que je préfère. La cime des monts devient peu à peu distincte et s'éclaire faiblement. Des nuages violacés s'allongent en minces traînées. En été, c'est la nuit. J'admire, naturellement, le clair de lune ; mais j'aime aussi l'obscurité où volent en se croisant les lucioles. Même s'il pleut, la nuit d'été me charme. En automne, c'est le soir. Le soleil couchant darde ses brillants rayons et s'approche de la crête des montagnes. Alors les corbeaux s'en vont dormir, et en les voyant passer, par trois, par quatre, par deux, on se sent délicieusement triste. Et quand les longues files d'oies sauvages paraissent toutes petites ! c'est encore plus joli. Puis, après que le soleil a disparu, le bruit du vent et la musique des insectes ont une mélancolie qui me ravit. En hiver, j'aime le matin, de très bonne heure. Il n'est pas besoin de dire le charme de la neige ; mais je goûte également l'extrême pureté de la gelée blanche ou, tout simplement, un très grand froid ; bien vite, on allume le feu, on apporte le charbon de bois incandescent ; voilà qui convient à la saison. Cependant, à l'approche de midi, le froid se relâche, il est déplaisant que le feu des brasiers carrés ou ronds se couvre de cendres blanches.

Notes de chevet,
traduction d'André Beaujard

L'impermanence des choses du monde, la fragilité de la vie, le « moment fugace », l'écoulement du temps devient une esthétique théorisée au XVIIe siècle : le *mono no aware*, sensibilité pour l'éphémère, sorte de sympathie pour la beauté poignante des choses, fragiles et passagères qui ne relève pas du tragique mais devient une douce mélancolie, une force, une beauté : les saisons, les fleurs des cerisiers comme les lucioles ont vocation à disparaître. Si, en Occident, les monuments de pierre doivent pouvoir défier le temps, au Japon tout au contraire, l'immobilité est signe de mort. Les saisons sont à l'image de la vie humaine ; concevoir le changement des saisons c'est accepter la brièveté du temps présent. « Le printemps qui s'en va, s'attarde, Dans les derniers cerisiers en fleurs » (Buson Yosa)

LES ONOMATOPÉES

Giseigo et *gitaigo*

Les onomatopées foisonnent dans la langue japonaise. Vivante, imagée et sonore, cette forme d'expression est employée aussi bien dans les textes littéraires, les mangas qu'à l'oral avec un pouvoir évocateur d'une grande spontanéité qui contraste avec l'image de réserve que l'on se fait à tort des Japonais. Alors qu'en France on considère l'emploi des onomatopées comme un usage régressif du langage, le Japonais, lui, préfère suggérer plutôt qu'affirmer ; l'onomatopée suspend l'expression, souligne le doute, l'imprécis et l'inachevé. Les giseigo *sont la retranscription des bruits tandis que les* gitaigo *expriment les émotions, dont voici quelques exemples :*

buru-buru : tremblement
gaga : bruit du canard
suta-sita : à grands pas
kata-kata : crépitements
peko-peko : l'estomac dans les talons
fuwa-fuwa : c'est doux
pika-pika : ça brille
tchirin-tchirin : la sonnette du vélo
soro-soro : peu à peu
muka-muka : la colère monte
zara-zara : ça gratte

Bruits de pluie
zâ-zâ : pluie en rafales lors des typhons
picha-picha : en éclaboussant
shito-shito : finement
para-para : en crépitant sur les toits
dosha-dosha : violemment
bisha-bisha : pluie incessante

YUKIO MISHIMA

Le cri perce la pièce

Le suicide de Mishima s'inscrit dans l'interminable litanie des morts volontaires au Japon. Suicides des guerriers vaincus qui, avec leurs vassaux et leurs épouses ont ainsi voulu échapper à la honte de la défaite et aux mains de leurs vainqueurs. Suicides aussi des intellectuels, artistes ou écrivains, par dandysme, pour résister contre la montée du militarisme ou bien, au contraire, parce qu'ils ne supportent pas la défaite et l'affadissement des mœurs…

Elle aussi, Reiko, considérait passionnément son mari, qui si vite allait mourir, et se disait qu'elle n'avait jamais vu rien au monde d'aussi beau. Le lieutenant avait toujours bien porté l'uniforme, mais aujourd'hui, regardant la mort en face, les sourcils droits et les lèvres bien serrées, il offrait peut-être le plus superbe exemple possible de beauté masculine.

« Allons-y », dit enfin le lieutenant.

Reiko s'inclina pour saluer très bas. Elle n'osait pas lever la tête. Elle avait peur que ses larmes abîment son maquillage mais ne pouvait pas les retenir.

Lorsque enfin elle releva les yeux elle vit à travers la brume de ses larmes que le lieutenant avait sorti son sabre du fourreau et enroulé autour de la lame un bandage blanc qui laissait libre à la pointe cinq ou six pouces d'acier nu.

Il reposa le sabre ainsi enveloppé sur la natte devant lui, puis se souleva sur les genoux, se réinstalla les jambes croisées et défit les agrafes de son col d'uniforme. Ses yeux ne voyaient plus sa femme. Lentement, un à un, il défit les minces boutons de cuivre. Sa brune poitrine apparut, puis le ventre. Il déboucla son ceinturon et défit les boutons de son pantalon. On vit l'éclat pur et blanc du pagne qui serrait les reins. Le lieutenant le rabattit à deux mains pour dégager davantage le ventre, puis saisit la lame de son sabre. De la main gauche il se massa le ventre, les yeux baissés.

Pour s'assurer que le fil de la lame était bien aiguisé le lieutenant replia la jambe gauche de son pantalon, dégagea un peu la cuisse et coupa légèrement la peau. Le sang remplit aussitôt la blessure et de petits ruisseaux rouges s'écoulèrent qui brillaient dans la lumière.

C'était la première fois que Reiko voyait le sang de son mari et son cœur bondit violemment dans sa poitrine. Elle regarda le visage de son mari. Lui regardait le sang couler avec une tranquille satisfaction. Un instant — mais elle savait en même temps que c'était une fausse consolation — Reiko se sentit soulagée.

Les yeux du lieutenant fixaient sur sa femme l'intense regard immobile d'un oiseau de proie. Tournant vers lui-même son sabre il se souleva légèrement pour incliner le haut de son corps sur la pointe de son arme. L'étoffe de son uniforme tendue sur ses épaules trahissait l'effort qui mobilisait toutes ses forces. Il visait à gauche au plus profond de son ventre. Son cri aigu perça le silence de la pièce.

La mort en été,
traduction de Dominique Aury

Mishima ne s'est pas contenté de s'éventrer au sabre le 25 novembre 1970 dans le quartier général de la Force d'autodéfense. Cet acte, il l'avait longuement prémédité et imaginé dans ses romans. Dès ses 24 ans et dans le roman autobiographique *Confession d'un masque*, il avait exprimé ses penchants pour le masochisme et une jouissance de la mort. En 1960 et sous couvert d'un récit du complot avorté de 1936, sa nouvelle « Patriotisme », décrit l'atroce dignité du « seppuku » que s'étaient infligé l'un des jeunes officiers comploteurs et sa femme. Mais ce récit était par anticipation tellement autobiographique que c'est Mishima lui-même qui avait joué le rôle de cet officier dans le film qu'il avait ensuite tiré de sa nouvelle. C'est encore une scène de « seppuku » qui clôt le deuxième tome de *La mer de la fertilité* et l'on sait que c'est immédiatement après en avoir posté le manuscrit à son éditeur qu'il prit d'assaut le quartier général de la Force d'autodéfense, pour revivre le complot avorté de 1936 et trouver la même fin par éventrement que celle qu'il avait décrite dans « Patriotisme ».

AKIRA MIZUBAYASHI

Okaerinasaï

S'expliquant sur son adoption de la langue anglaise, Joseph Conrad avait déclaré : « Et quant à une adoption, eh bien certes il y a eu adoption : mais c'est moi qui ai été adopté par le génie de la langue… Il serait aussi difficile de l'expliquer que de tenter d'expliquer un amour à première vue. » C'est pratiquement dans les mêmes termes, qu'Akira Mizubayashi décrit sa plongée dans la langue française : « J'ai adhéré à la langue française et elle m'a adopté… C'est une question d'Amour. Je l'aime, et elle m'aime… si j'ose dire ». Cette langue française, dans laquelle il s'exprime avec perfection et une très légère touche d'accent méridional – on se souviendra que Conrad parlait parfaitement le français avec un accent Marseillais – Mizubayashi y est curieusement entré par admiration pour Les Noces de Figaro. *Et sa Suzanne, il l'a, étudiant à Montpellier, trouvée en la personne d'une jeune Française qu'il a épousée et qui vit avec lui et leurs enfants à Tokyo où il est professeur de langue et littérature française. Les langues, il leur a fallu en trouver une répartition, et celle qui s'est finalement imposée a consisté à admettre qu'en dehors de la maison c'est le Japonais qui prévalait alors qu'au foyer familial on parlerait français, sauf avec le chien pour lequel Mizubayashi retrouve le langage de l'enfance : le japonais.*

Okaerinasaï est une formule toute faite, un énoncé stéréotypé qui réactive le lien social, qui émaille et ponctue quotidiennement la vie des Japonais. Aucun

Japonais ne passe un jour sans entendre ce mot adressé à lui au moins une fois ou, au contraire, sans qu'il sorte de sa bouche face à quelqu'un qui retrouve sa place naturelle dans l'espace familial. Prenez n'importe quel film d'Ozu, vous entendrez quelqu'un dire *Okaerinasaï, à* Ryu Chishu par exemple, chaque fois que celui-ci, incarnant le père, rentre à la maison souvent en état d'ébriété euphorique ou mélancolique. Même une personne vivant seule entend dans son for intérieur une *voix* qui lui adresse ce mot au moment où elle rentre chez elle, une *voix féminine* sans doute, venant de son passé, de son enfance plus ou moins lointaine, une *voix* se confondant probablement avec celle de sa mère.

Il s'agit donc d'une expression interjective qu'on adresse à quelqu'un qui effectue son retour sur un lieu considéré comme foyer originaire. Ces sept lettres qu'un voyageur japonais découvre au bout d'un long couloir d'arrivée de l'aéroport de Narita ne sont donc absolument pas l'équivalent sémantique de « Bienvenue ». C'est tout autre chose qui n'a strictement rien à voir avec l'insipide et universelle formule de bon accueil. C'est là en fait un mot exclusivement réservé à un Japonais qui est censé retrouver, après une pérégrination plus ou moins périlleuse dans le monde extérieur, repos et sérénité dans la grande famille nationale appelée Nippon. Le locuteur n'exprime pas sa joie de retrouver un proche qui était parti loin. Non, ce n'est pas cela. C'est plutôt d'un sentiment de soulagement qu'il s'agit. En constatant le retour d'un des siens, il se décharge de ses inquiétudes.

Ainsi la locution est révélatrice, dans sa structure énonciative même, d'une rigoureuse distinction opérée par la conscience japonaise entre les membres authentiques de la communauté nationale et les étrangers qui en sont exclus par leur statut même. Rien d'étonnant dès lors à ce que le Japon ne reconnaisse pas la double nationalité : on ne peut pas être à la fois *dedans* et *dehors*. Quelles sont alors les conditions à remplir pour faire partie de cette grande communauté calquée sur le modèle familial ? Cela revient à s'interroger sur le sens du terme *authentique* que je viens d'employer.

Ce qu'il faut noter en tout premier lieu, c'est que ni la maîtrise de la langue nationale, ni le désir de prendre part à la *chose publique* n'entre en ligne de compte pour définir le contenu réel de cette authenticité. C'est ce dont les étrangers vivant au Japon se rendent compte tôt ou tard. Ils finissent en effet par se persuader que quelle que soit la qualité de leur compréhension de la langue, quelles que soient l'étendue et la profondeur de leurs connaissances relatives à l'histoire et à la culture japonaises, quelle que soit la longévité de leur ancrage dans la vie japonaise, quels que soient enfin leur effort d'intégration sociale et leur désir de participation politique, ils garderont toujours le statut d'étranger. Ils comprendront assez vite qu'ils ne seront en définitive jamais considérés comme faisant partie du *dedans* communautaire.

Petit éloge de l'errance

L'errance entre les deux langues a amené Mizubayashi à se sentir étranger à lui-même dans les deux langues, toujours décalé, « hors de place », tout comme Edward Saïd s'est, selon le titre de ses mémoires, toujours senti *« out of place*». «Je ne suis donc, ni Japonais ni Français» nous confie-t-il dans ce *Petit éloge de l'errance* où il rappelle que, quelle que soit sa connaissance de la langue et de la culture japonaise, un étranger ne pourra jamais devenir Japonais, mais nous fait également ressentir le sentiment d'apaisement – mais également le poids du consensus – qu'éprouve un Japonais accueilli lors de son retour au pays natal et dans le giron national par «*Okaerinasaï*».

OKAKURA KAKUZO

La Voie du Thé

Lettré et amateur d'art éclairé, Okakura Kakuzo (1862-1913) a beaucoup voyagé en Inde, en Chine et en Europe. Après avoir été responsable du Musée impérial de Tokyo, il s'est vu confier en 1904 la charge de Conseiller de la division d'arts asiatiques du Musée des Beaux-Arts de Boston. Il a rédigé en anglais une sorte de manifeste à l'usage des Occidentaux qui ne voient dans le thé qu'un simple breuvage exotique. Il nous accompagne sur la Voie du Thé, car, selon le taoïsme, c'est le cheminement qui compte plus que le résultat : « un art d'être au monde ».

En outre, le *roji*, cette allée de jardin qui mène du portique à la chambre de thé proprement dite, symbolise le premier stade de la méditation — le passage dans l'auto-illumination. Traverser le *roji*, c'est rompre tout lien avec le monde du dehors et découvrir une sensation de fraîcheur préparant à la jouissance esthétique de la chambre de thé elle-même. [...]

Ainsi préparé, l'invité approche en silence du sanctuaire ; s'il s'agit d'un samouraï, il laisse son sabre au râtelier placé sous l'auvent — puisque la chambre de thé est avant tout la demeure de la paix. Ensuite, il se courbe pour se glisser à l'intérieur de la chambre par une minuscule porte d'à peine trois pieds de haut. Imposé à tous les invités, sans distinction de rang, ce procédé avait pour but d'enseigner à chacun l'humilité.

Selon un ordre de préséance fixé par accord mutuel durant l'attente sous le portique, les invités entrent l'un après l'autre sans le moindre bruit et ne viennent s'asseoir qu'après avoir contemplé avec déférence la peinture ou l'arrangement floral qui orne le *tokonorna.* L'hôte, lui, n'entre dans la pièce que lorsque tous les convives y sont installés et qu'un silence parfait y règne, sérénité que seul trouble le frémissement de l'eau dans le chaudron en fonte. Le chant du chaudron est subtil, car on a pris soin d'y disposer quelques morceaux de fer, afin d'engendrer une mélodie particulière où l'on peut reconnaître les échos, assourdis par les nuages, d'une cascade, du lointain déferlement des vagues sur les rochers, d'une ondée balayant une forêt de bambous, ou du soupir des pins sur quelque colline éloignée.

Même en plein jour, la lumière de la chambre est toujours tamisée, car les auvents du toit pentu ne laissent filtrer que quelques rayons de soleil. Du sol au plafond, les coloris sont d'une nuance sobre ; les invités eux-mêmes ont pris soin de choisir des kimonos aux teintes discrètes. La patine du temps recouvre chaque chose ; tout objet qui pourrait suggérer la nouveauté ou quelque acquisition récente est banni, à l'exception de la cuiller de bambou à long manche et de la serviette de lin, toutes deux neuves et immaculées, qui forment l'unique note de contraste. Si patinés qu'apparaissent la chambre de thé et ses ustensiles, ils n'en sont pas moins d'une absolue propreté. Nul grain de poussière, même dans les plus sombres recoins : ou alors, c'est que l'hôte n'est pas un vrai maître de thé.

Le Livre du thé,
traduit de l'anglais par Corinne Atlan et Zéno Bianu

C'est à partir du XVIe siècle que trois moines codifièrent la cérémonie du thé ou, plus exactement, Voie du Thé *chado*. Murata Shuko en fait un acte spirituel. Takeno Jö en conçoit les ustensiles dans le style *wabi* de simplicité rustique : le bol ébréché montre la fragilité de l'existence. Sen no Rikyu en définit le rituel, complexe, mais fidèle à la simplicité du seul acte de « Faire bouillir de l'eau, préparer le thé et le boire ».

Le *chado* s'accomplit en empruntant la voie des fleurs, de la calligraphie, de l'architecture, de l'habillement, de la cuisine en une sorte de synthèse des arts traditionnels du Japon d'hier et d'aujourd'hui.

On accède au pavillon de thé par un jardin, temps d'approche nécessaire pour se dépouiller des impuretés du monde extérieur. On y pénètre par une porte si basse que l'on est contraint de se courber et d'abandonner morgue et orgueil.

C'est pourtant, en lui reprochant son orgueil que le shogun Hideyoshi exigea le suicide de Sen no Rikyu accusé d'avoir fait sculpter sa propre effigie sur le porche sous lequel l'on devait s'incliner pour pénétrer dans sa maison de thé attenante au temple du Daïtoku-ji. Vous pourrez encore maintenant vous y faire servir une tasse de thé par un moine rigolard comme seuls les moines Zen savent l'être.

Réalisation Pao : Dominique Guillaumin
Achevé d'imprimer
sur les presses de l'imprimerie Laballery
en mars 2023.
Imprimé en France.

Dépôt légal : mars 2023
Premier dépôt légal : octobre 2016
N° d'imprimeur : 302608

598080